Aviso de copyright

Esta publicación no puede ser duplicado o copiado en electrónico o mecánico cualquier medio.

Introducción. Adultos Libros para colorear en una manía rápido crecimiento en todo el mundo. Diversión en el mundo moderno de hoy en día, la gente está buscando para desconectar desde sus teléfonos, tabletas y ordenadores, y hacer algo simple y. Dibujos para colorear para los adultos es para aliviar el estrés y ayuda a mantener la calma después de un día agitado.

Con los mandalas que no hay manera correcta o incorrecta para colorearlos. Sólo tiene que elegir cualquier color que vienen a la mente y divertirse. Realmente es de hecho fácil y divertido. Utilice colores lápices, pasteles, lápices de colores, marcadores, incluso pinturas de acuarela! Sólo su imaginación puede funcionar salvaje y sentirse libre de experimentar con diferentes medios.

Si te ha gustado este libro para colorear por favor deje un comentario para Amazon, o donde usted compró el libro. Para aprender más sobre otros libros de colorante, por favor visite nuestro sitio web en: http://www.ColoringforGrownUps.net.

Gracias una vez más, disfrutar del libro y divertirse!

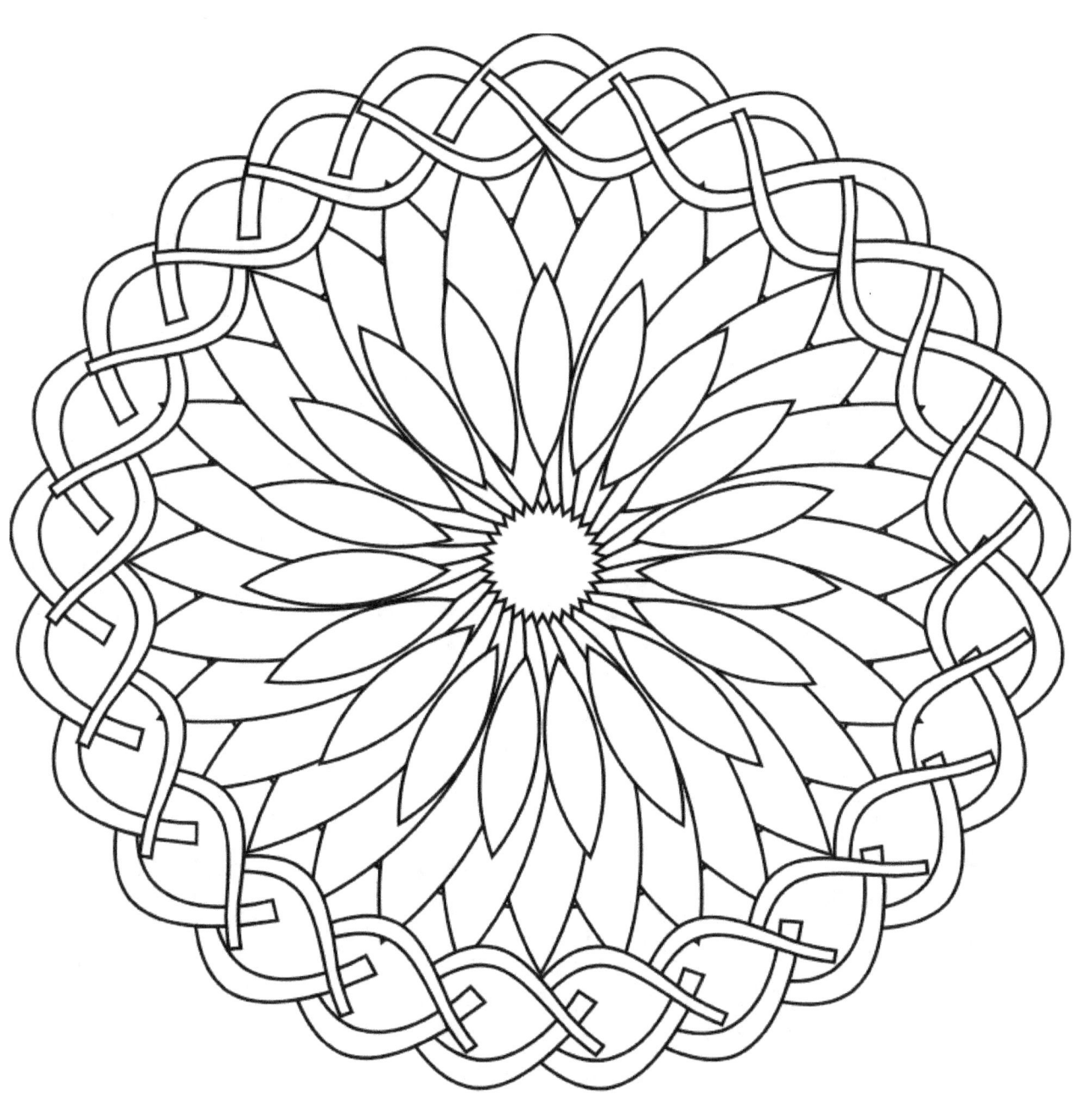

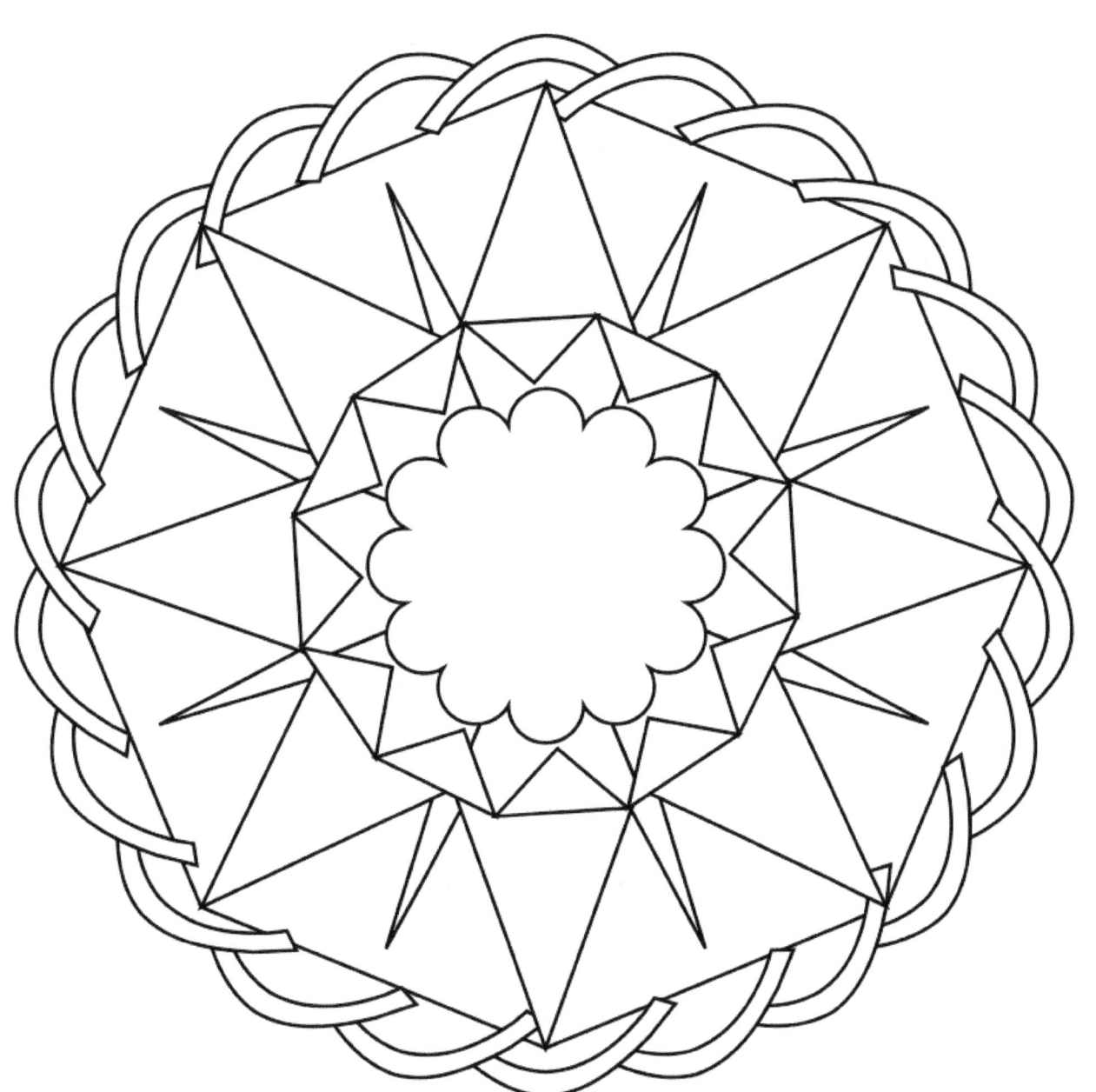

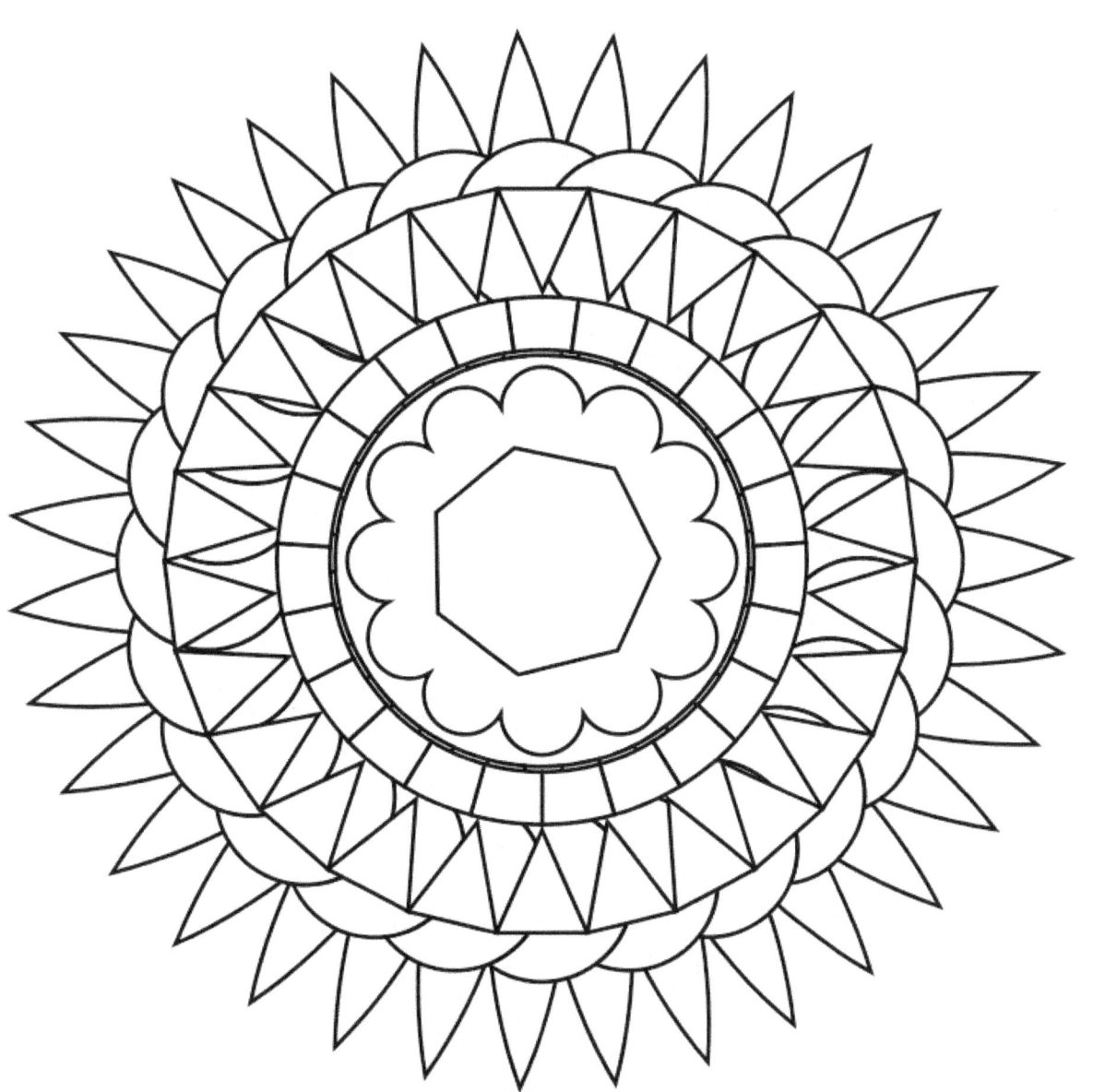

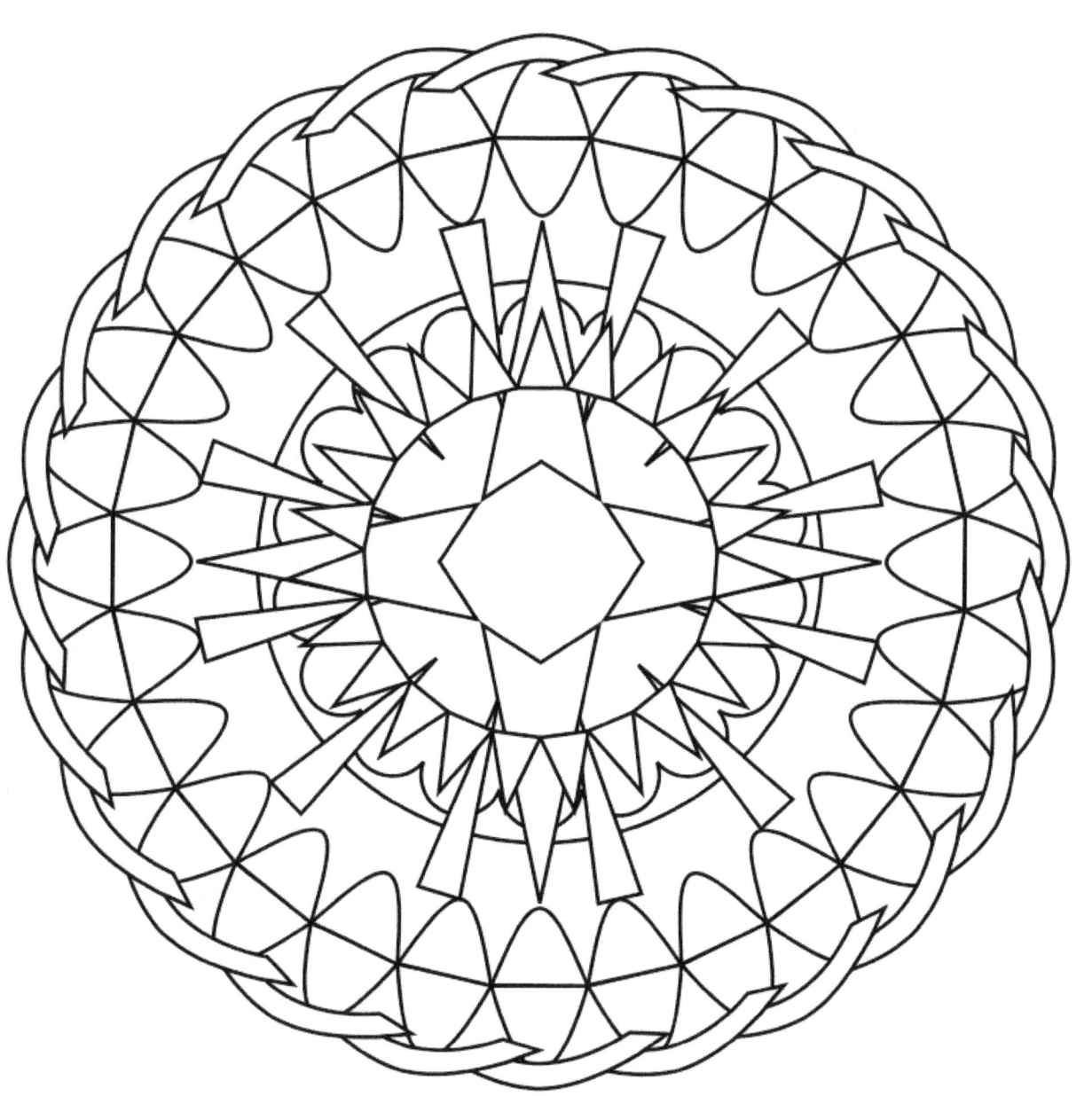

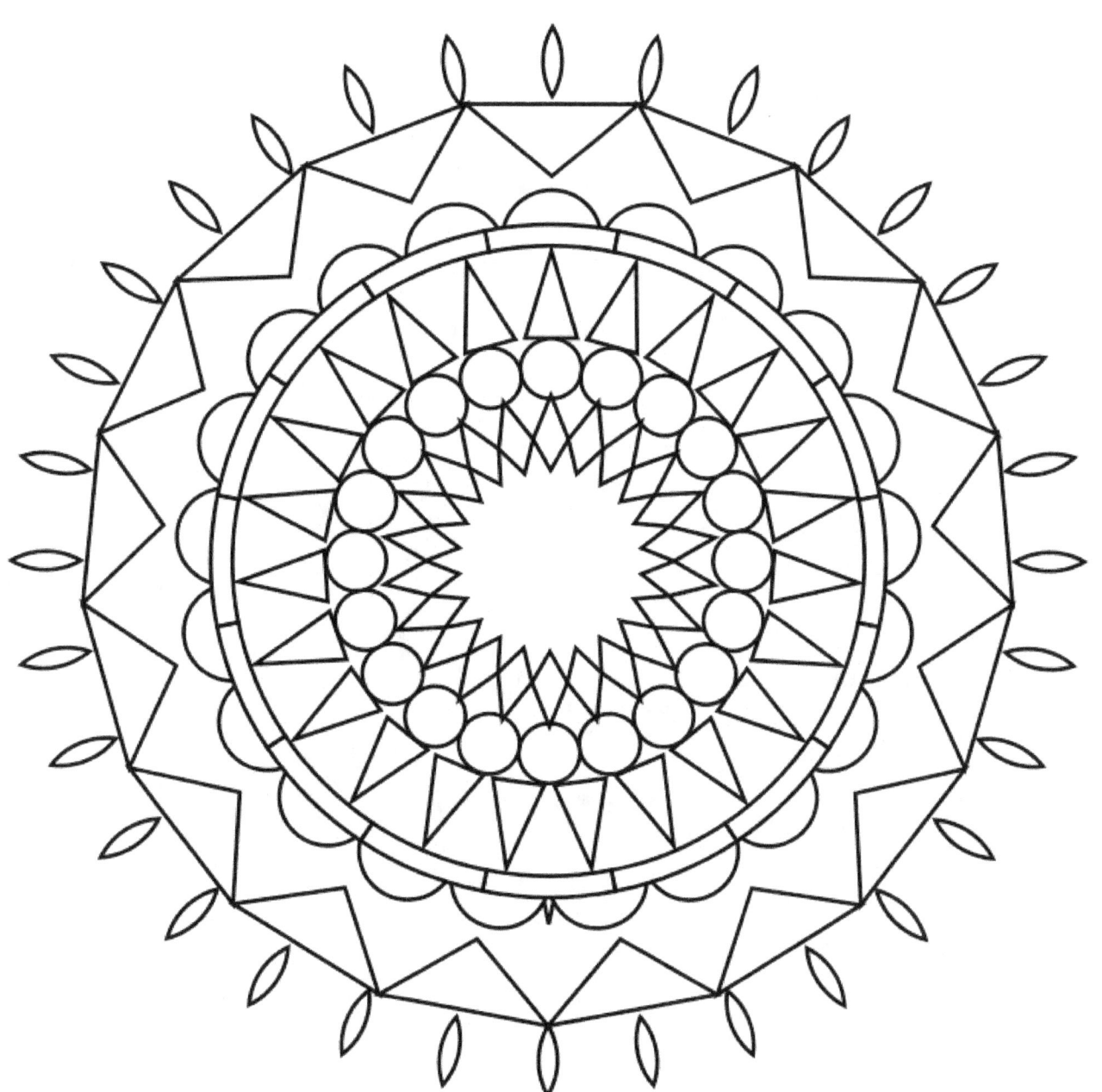

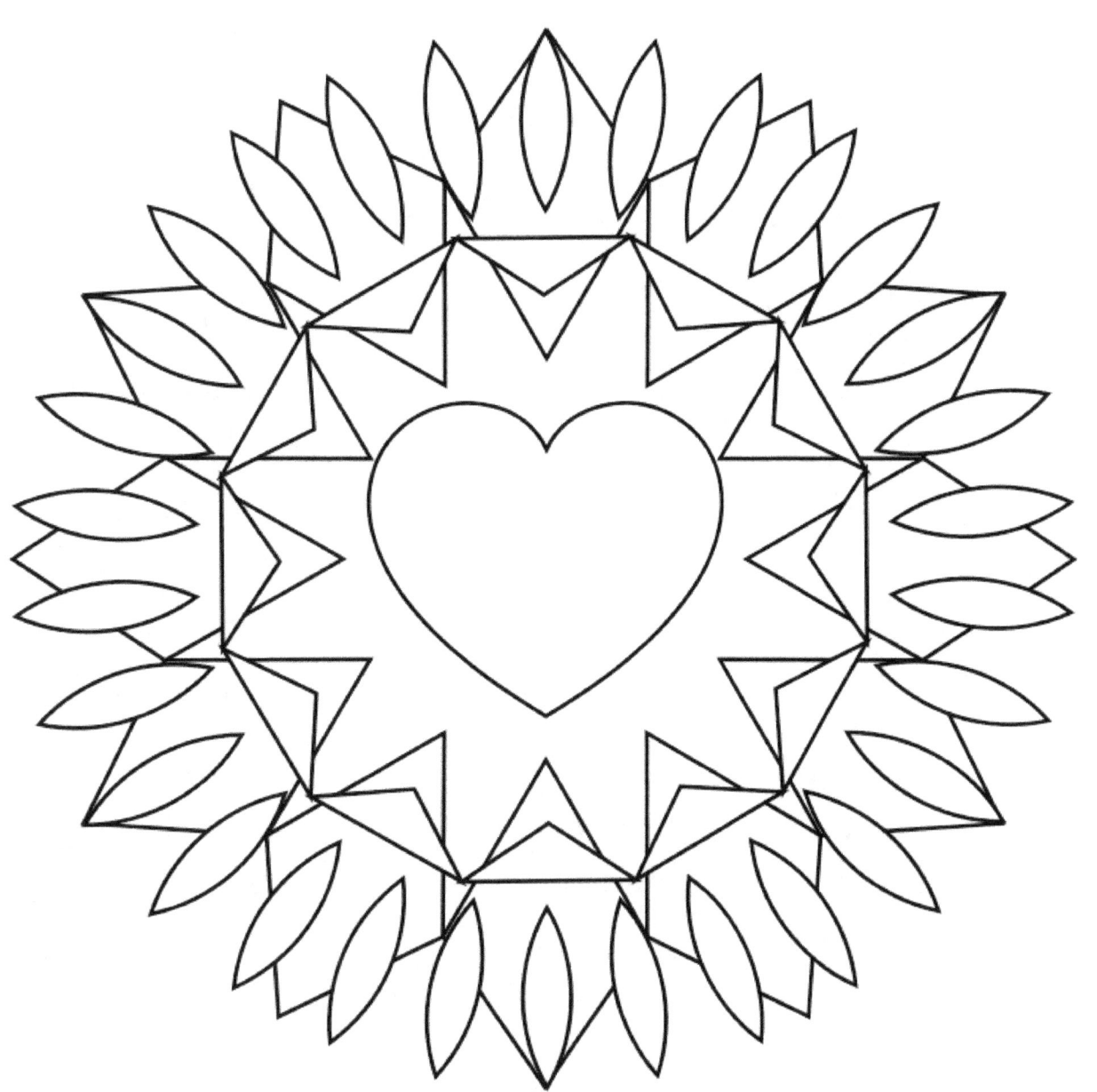

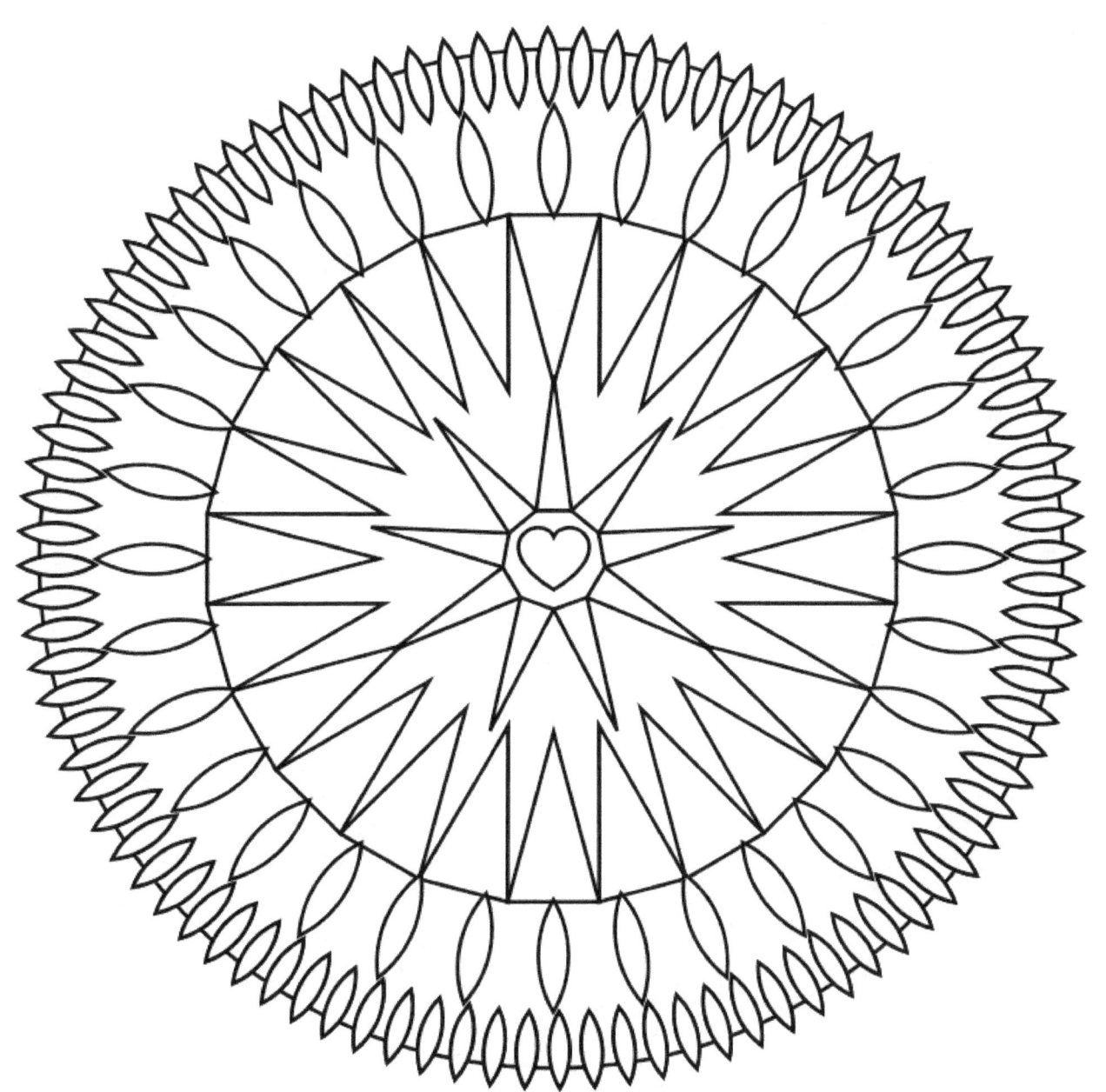

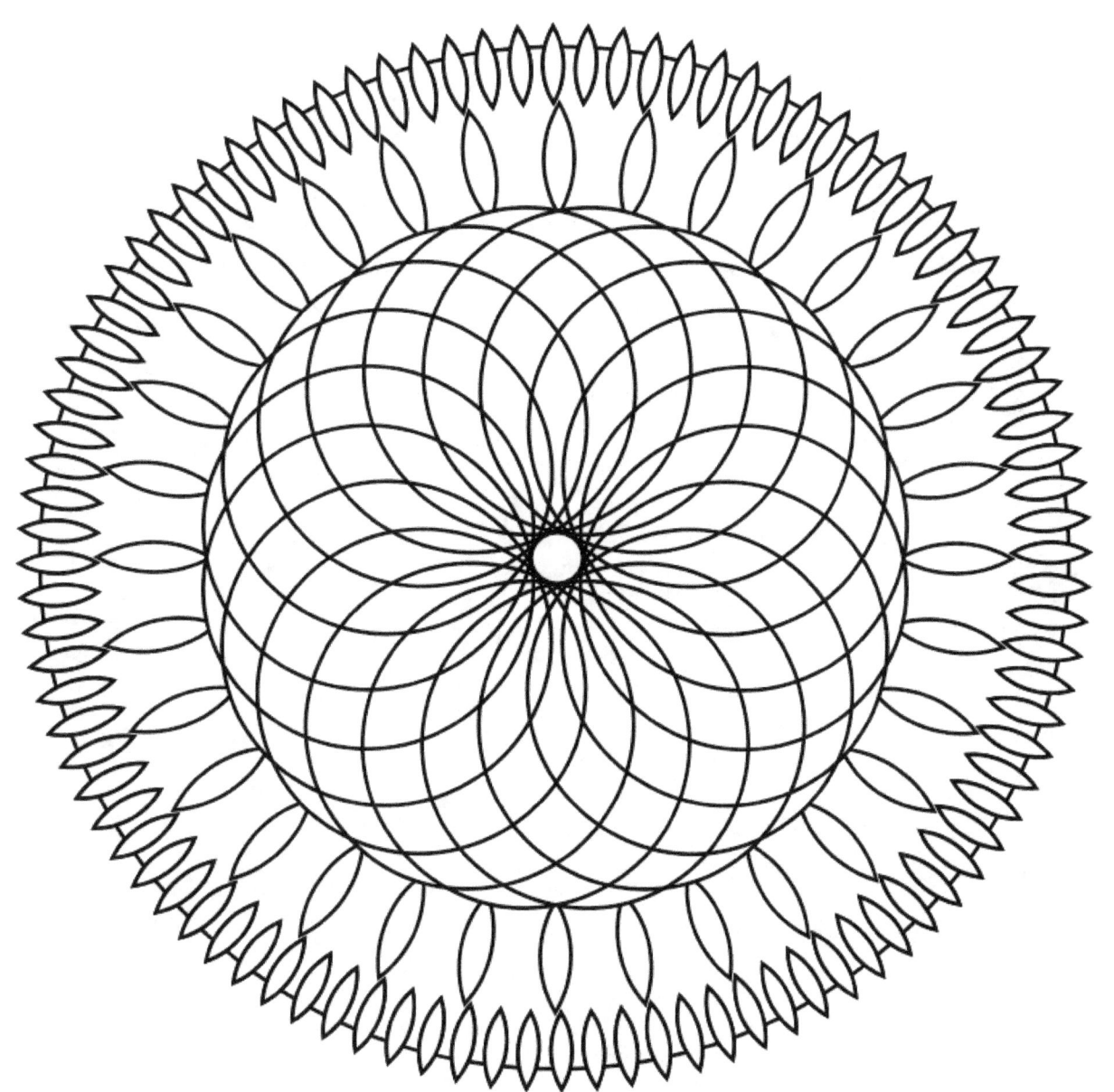

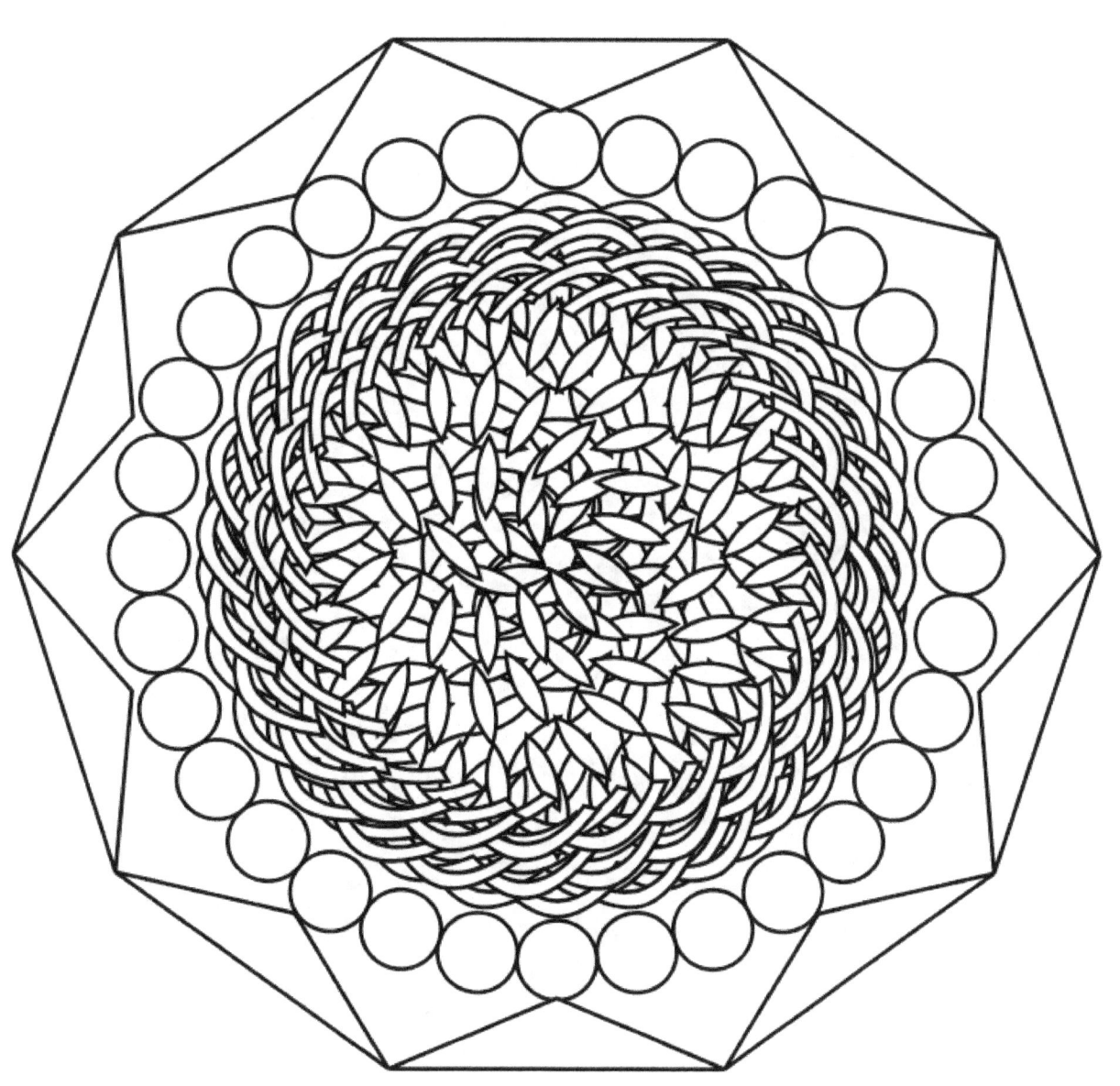

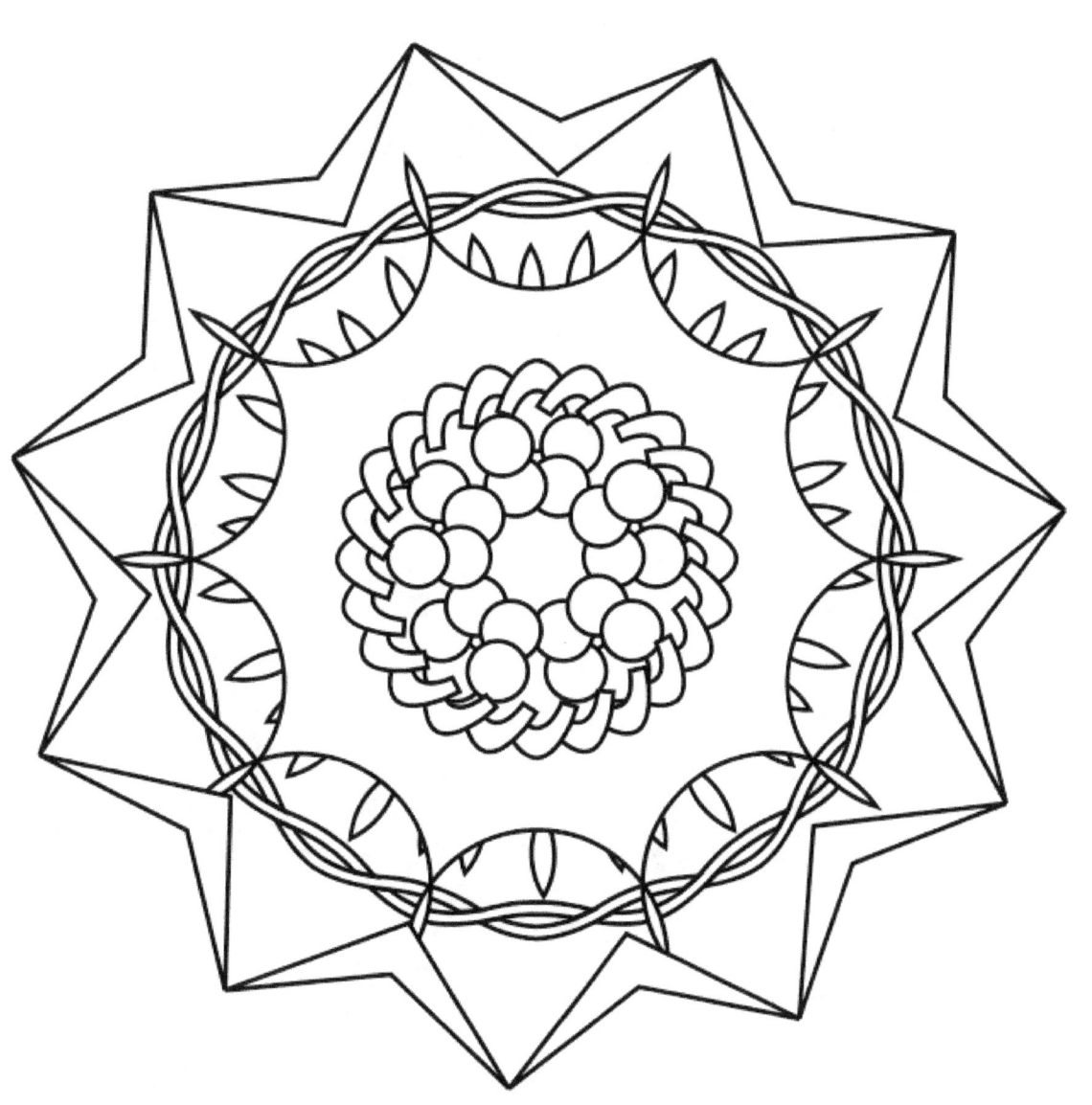

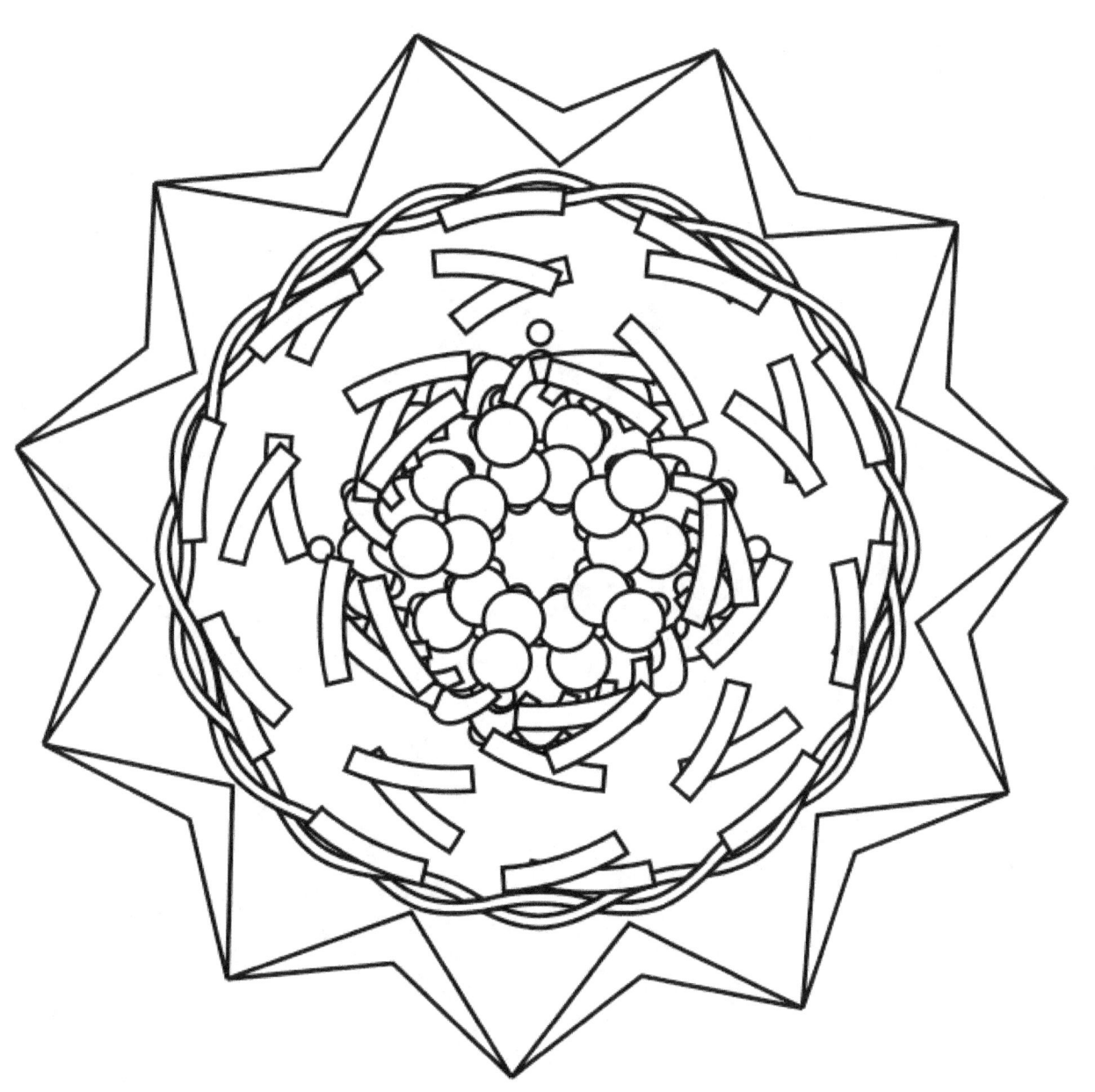

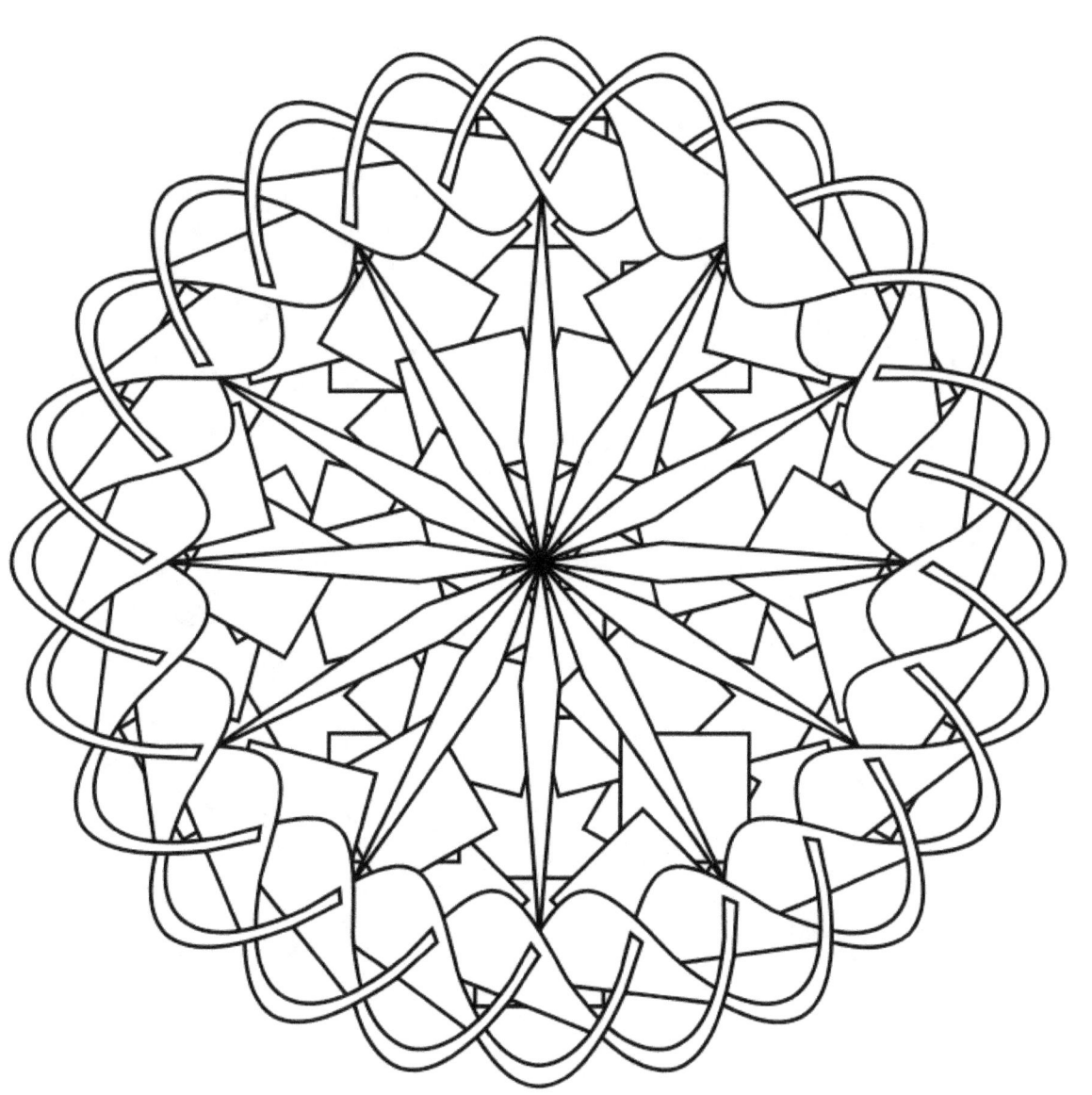

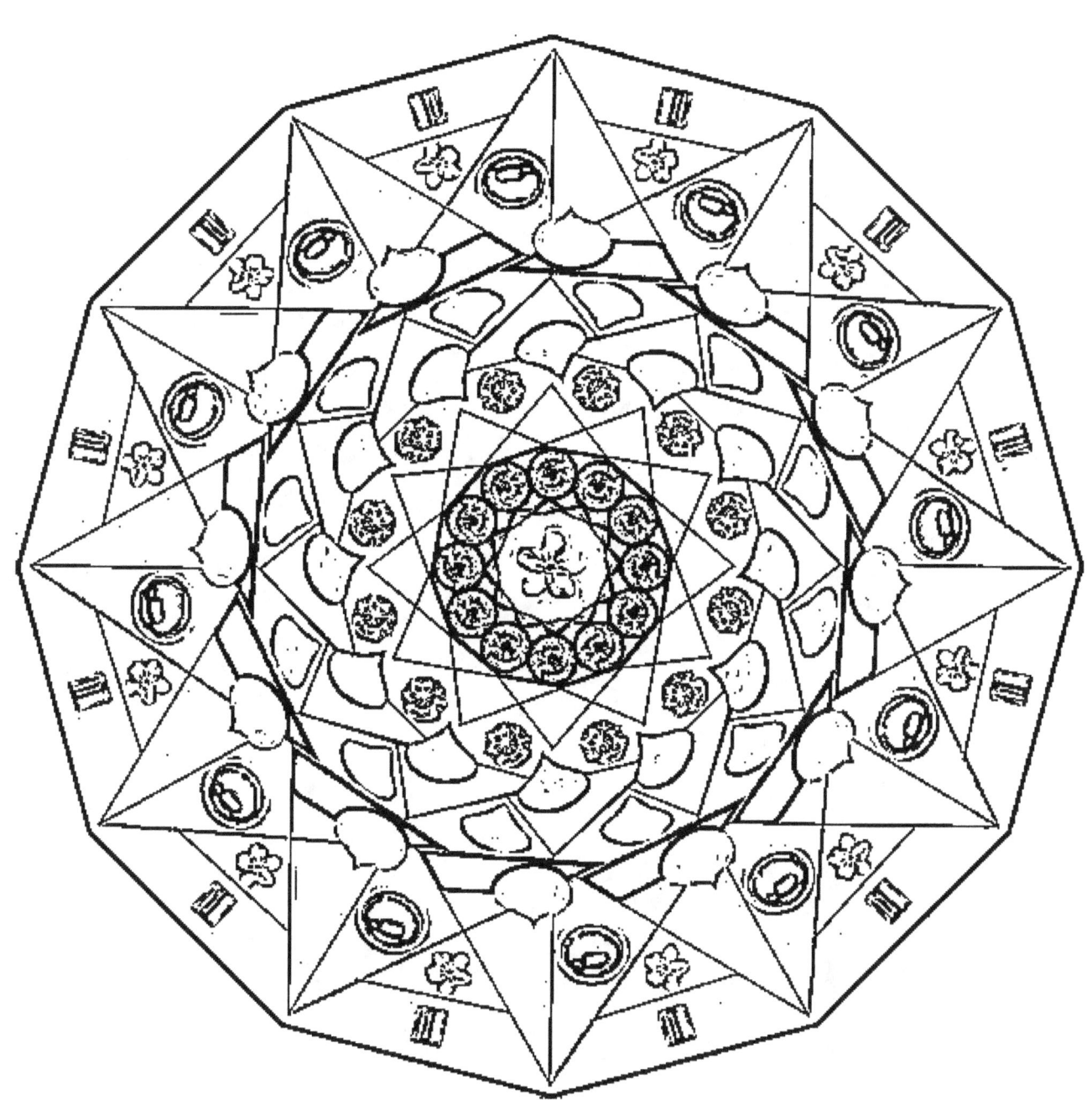

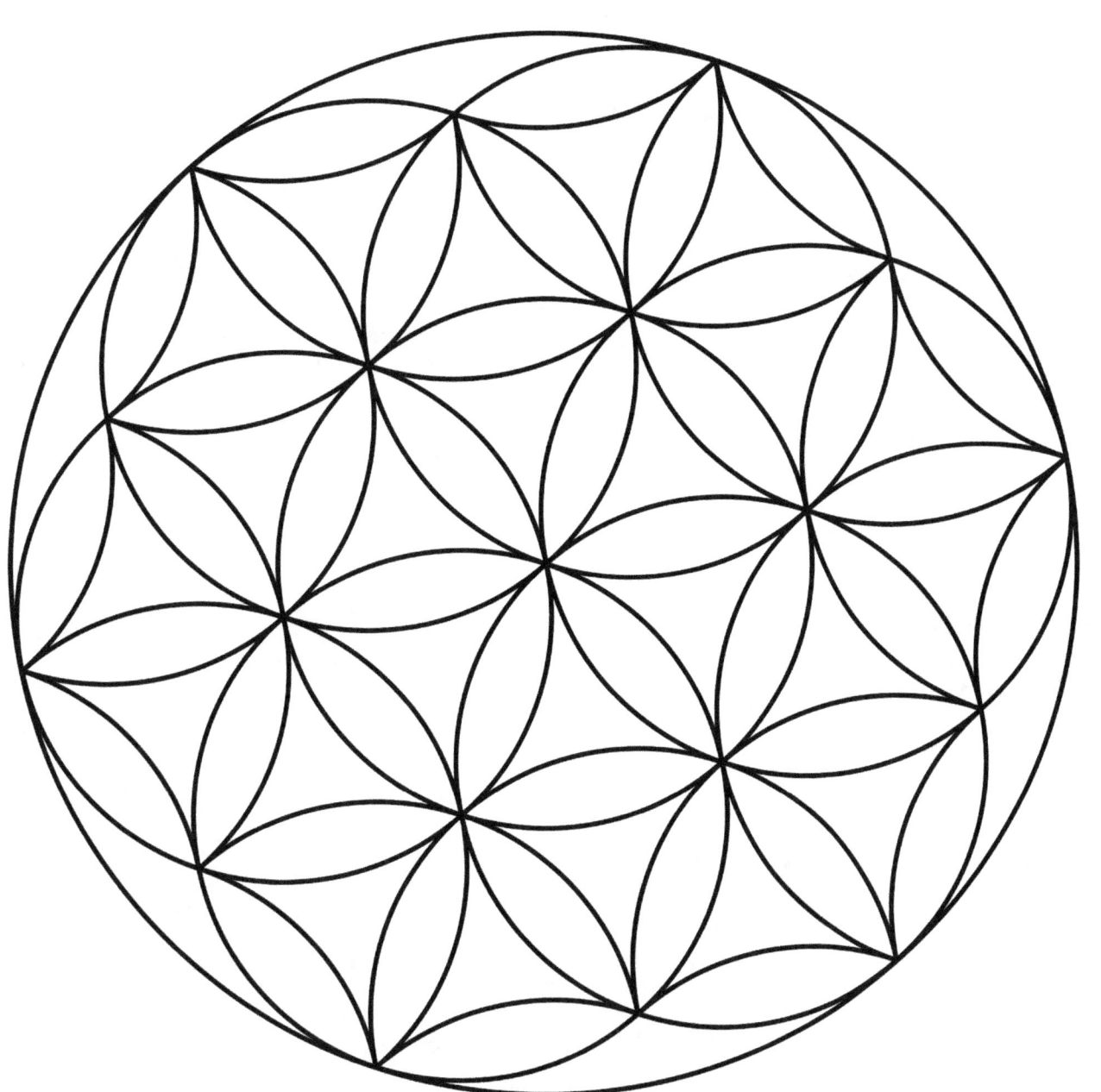

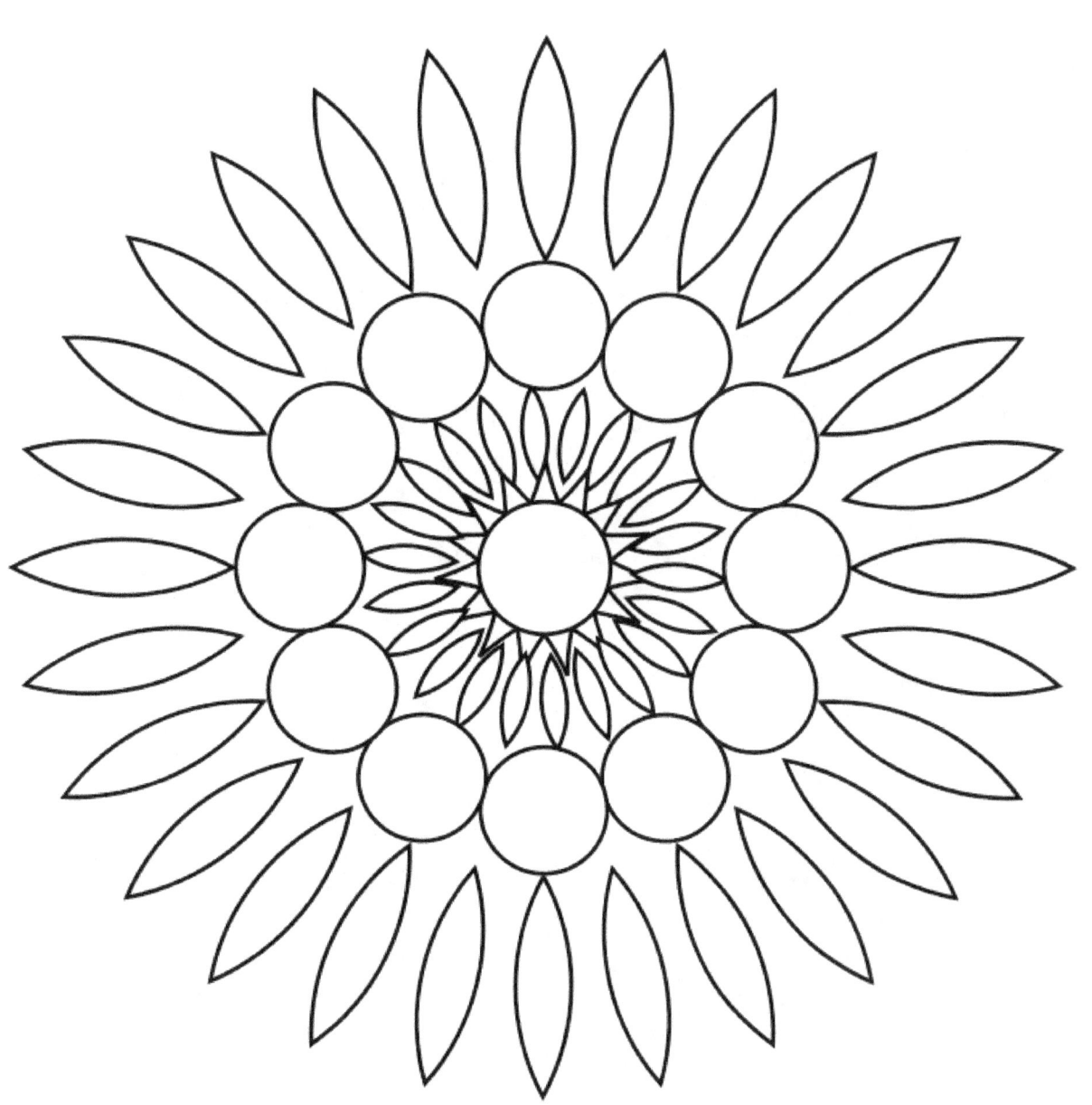

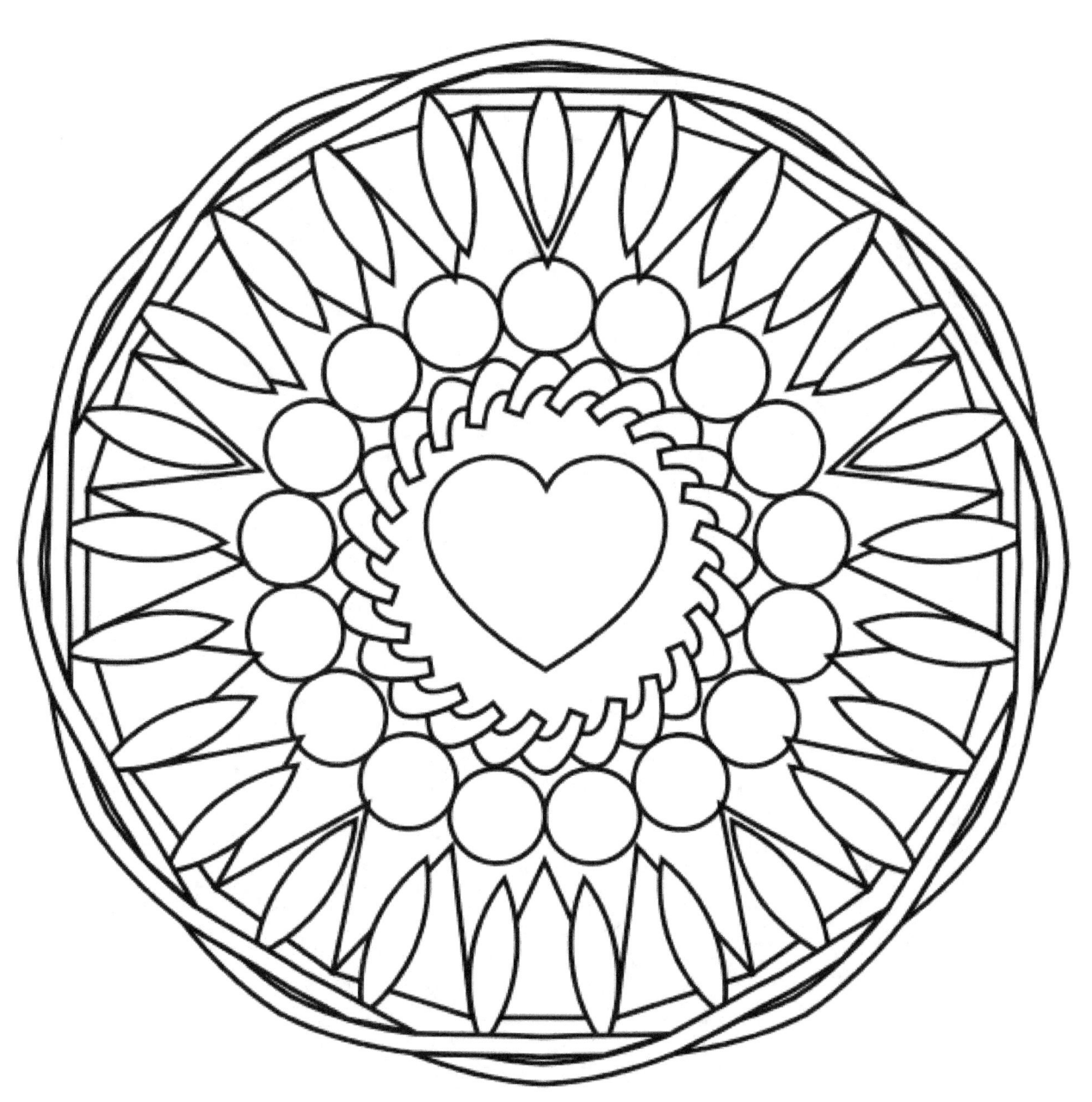

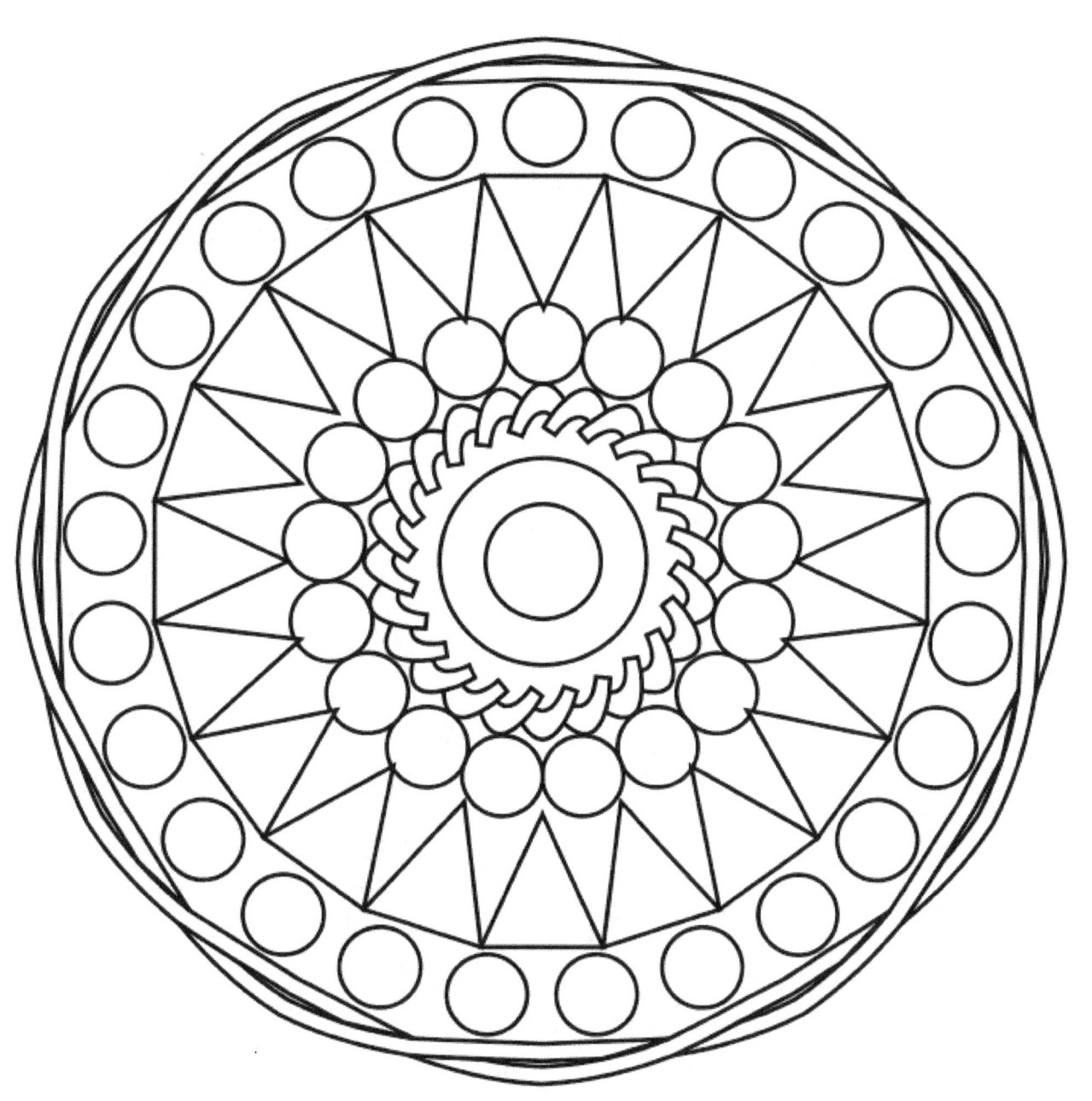

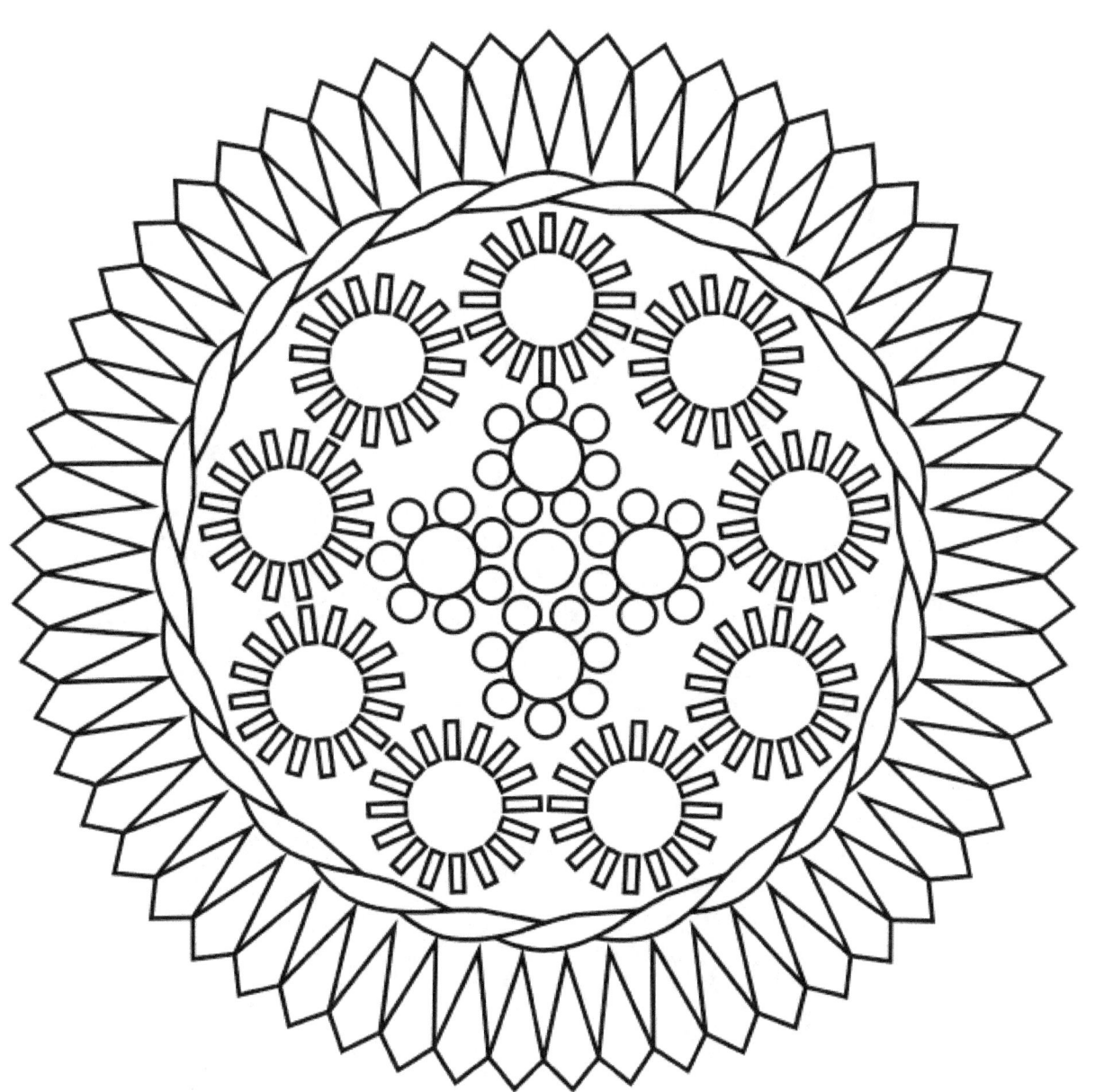

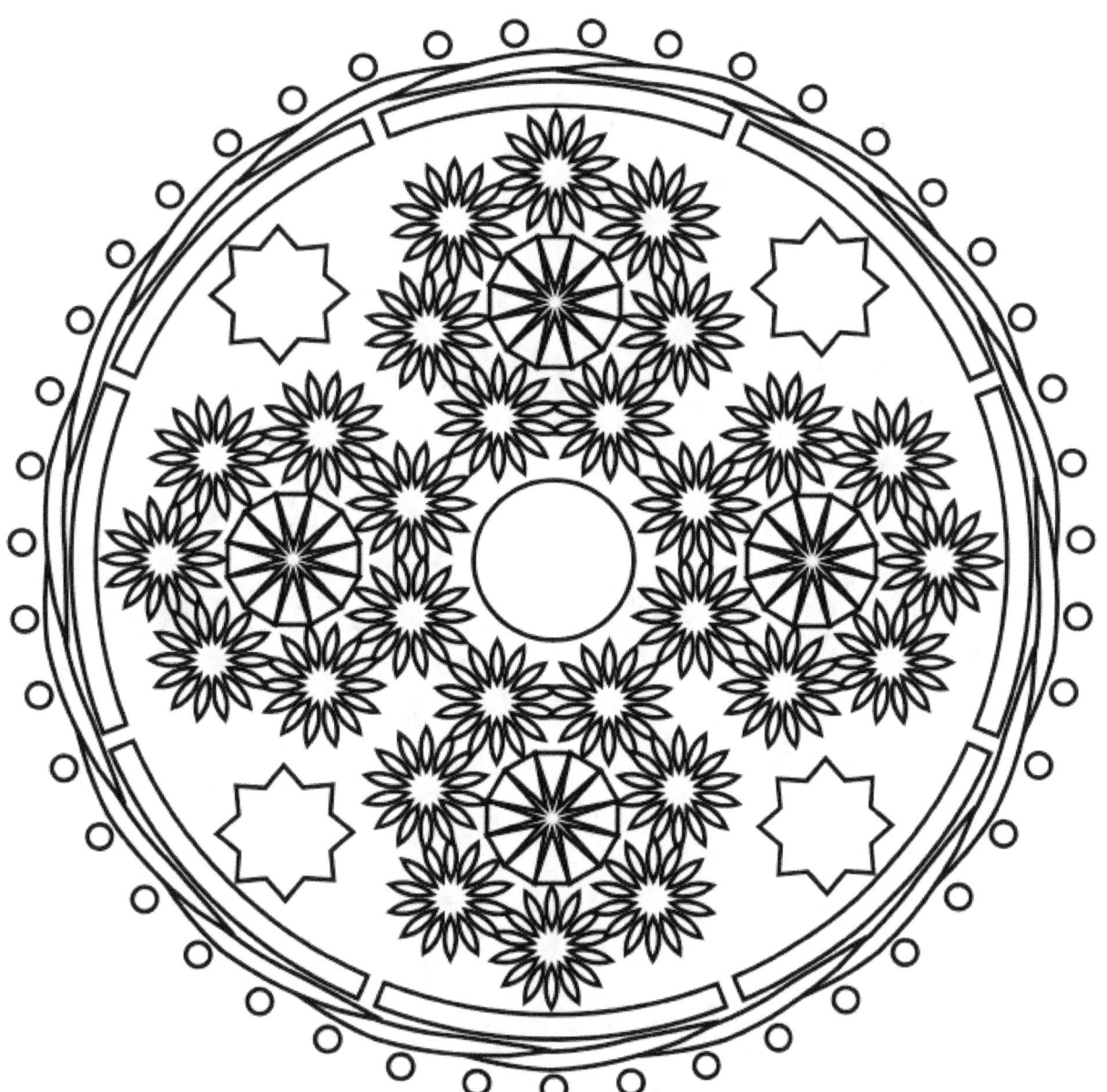

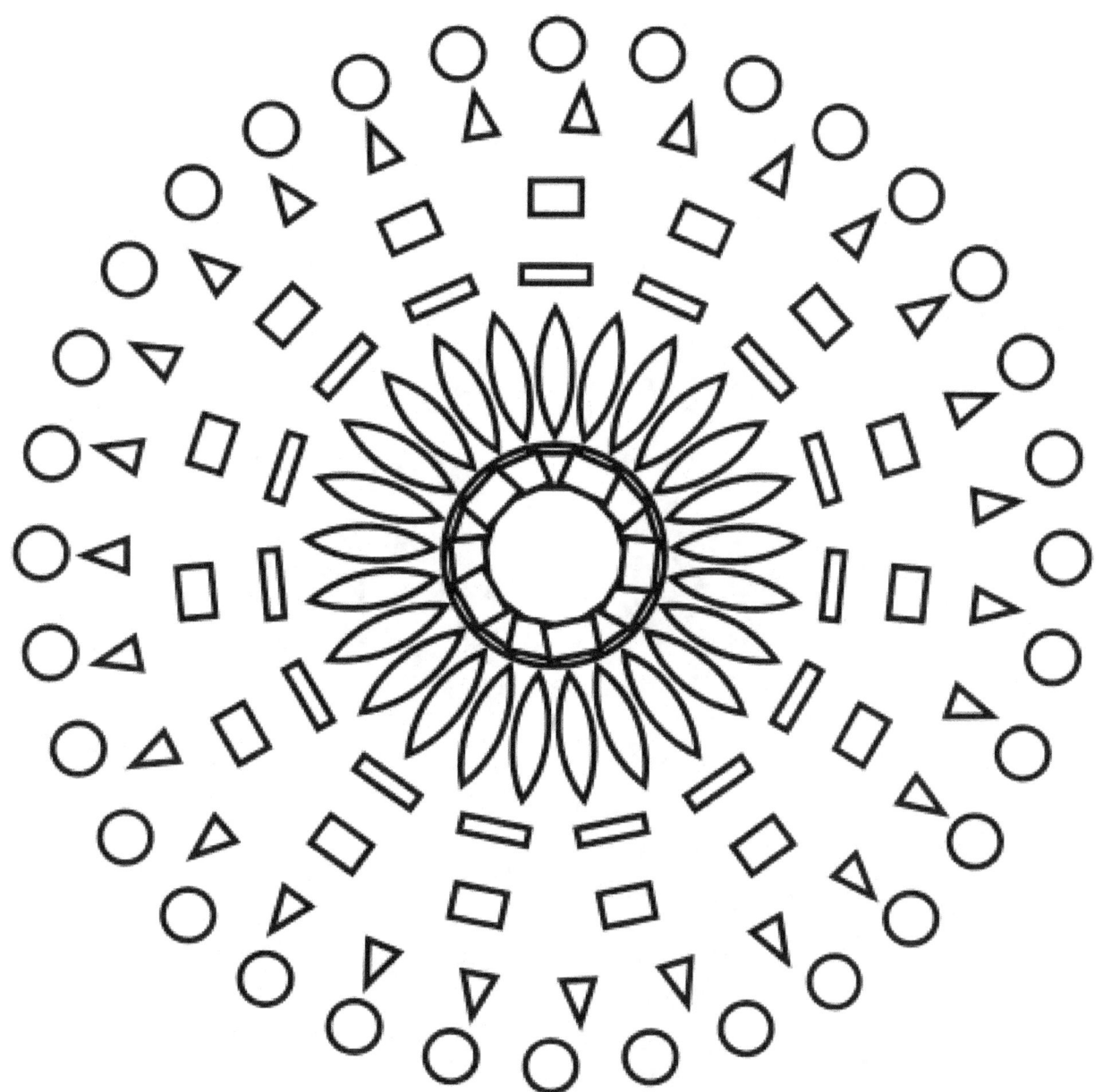

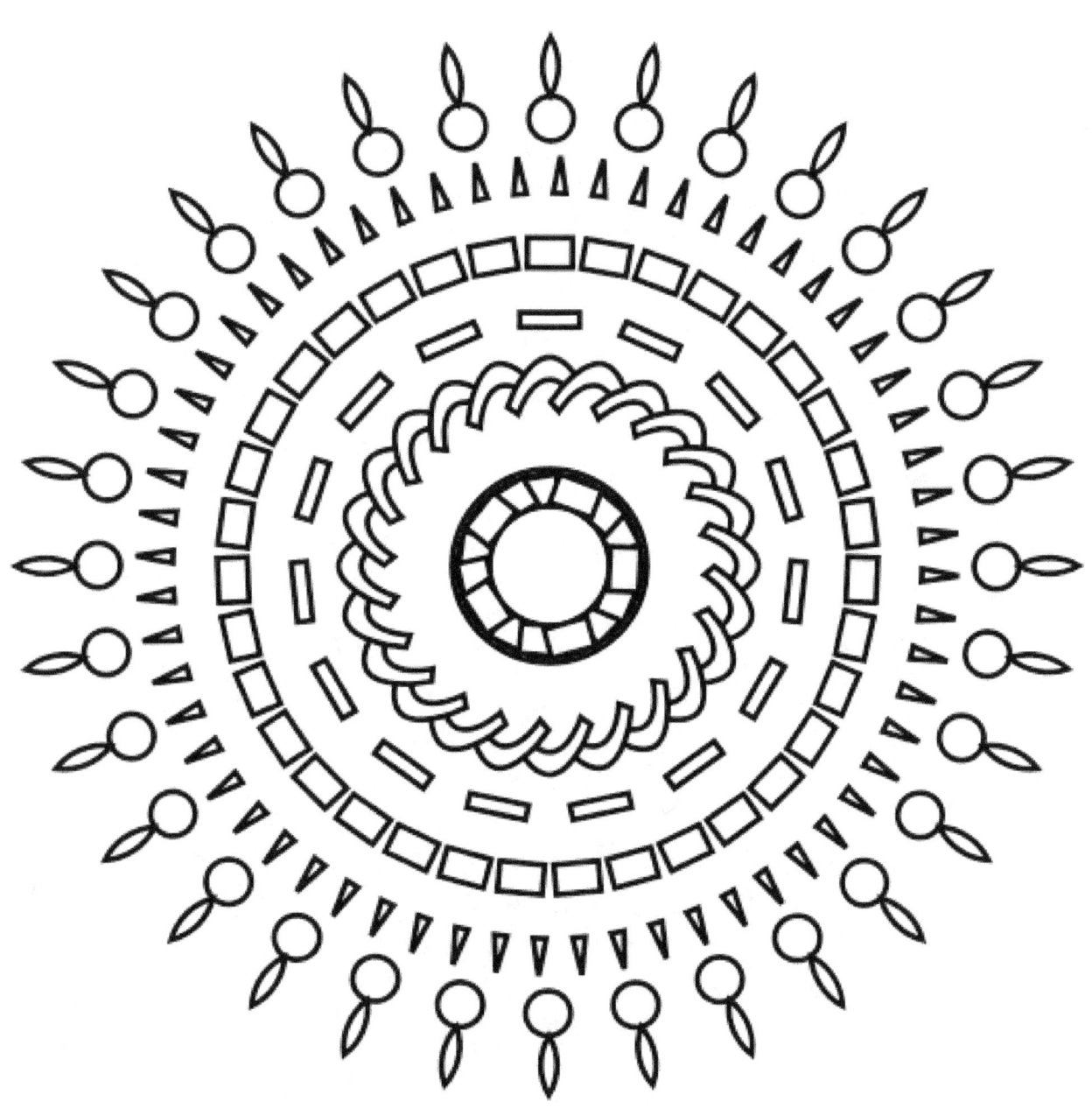

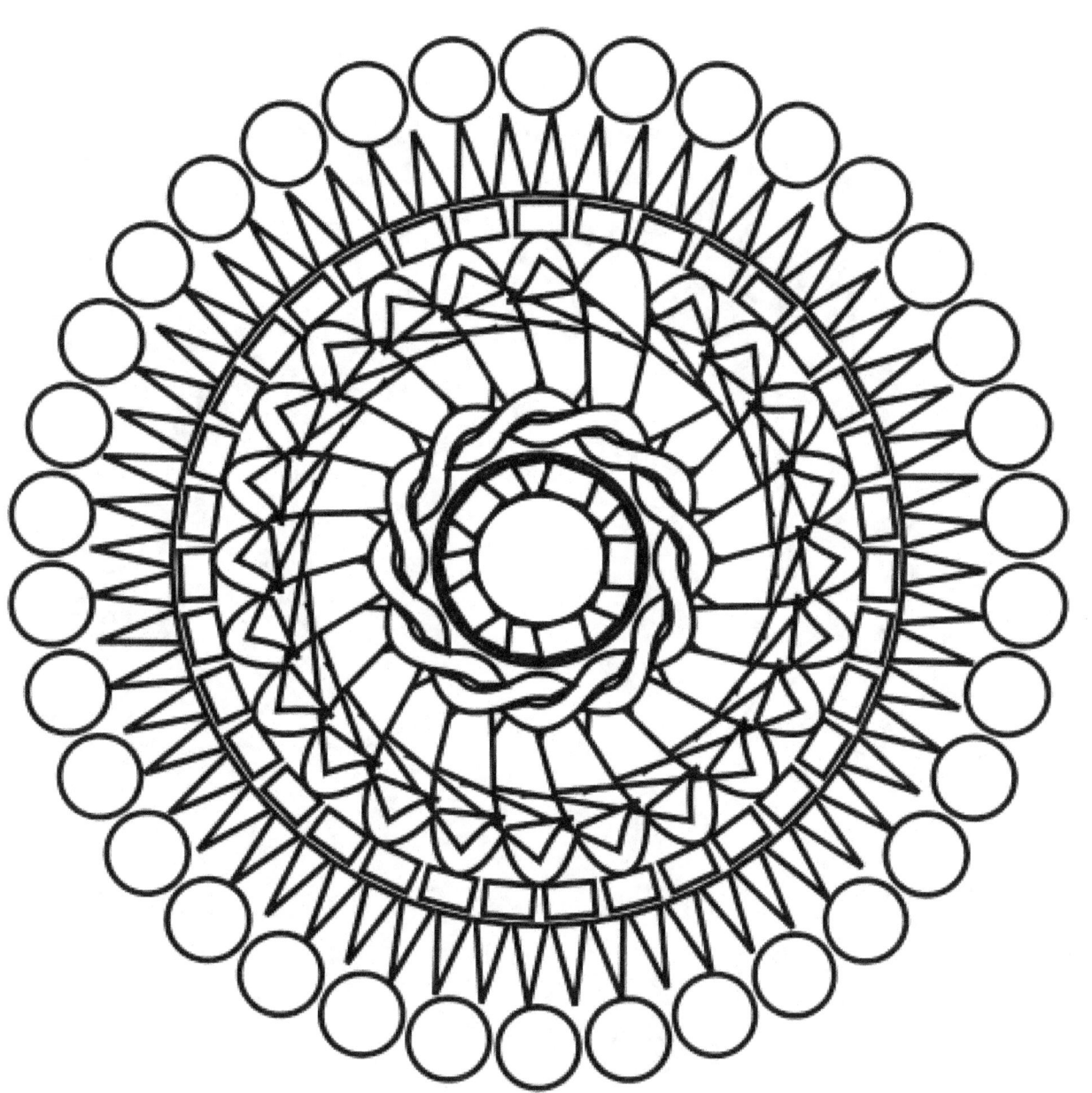

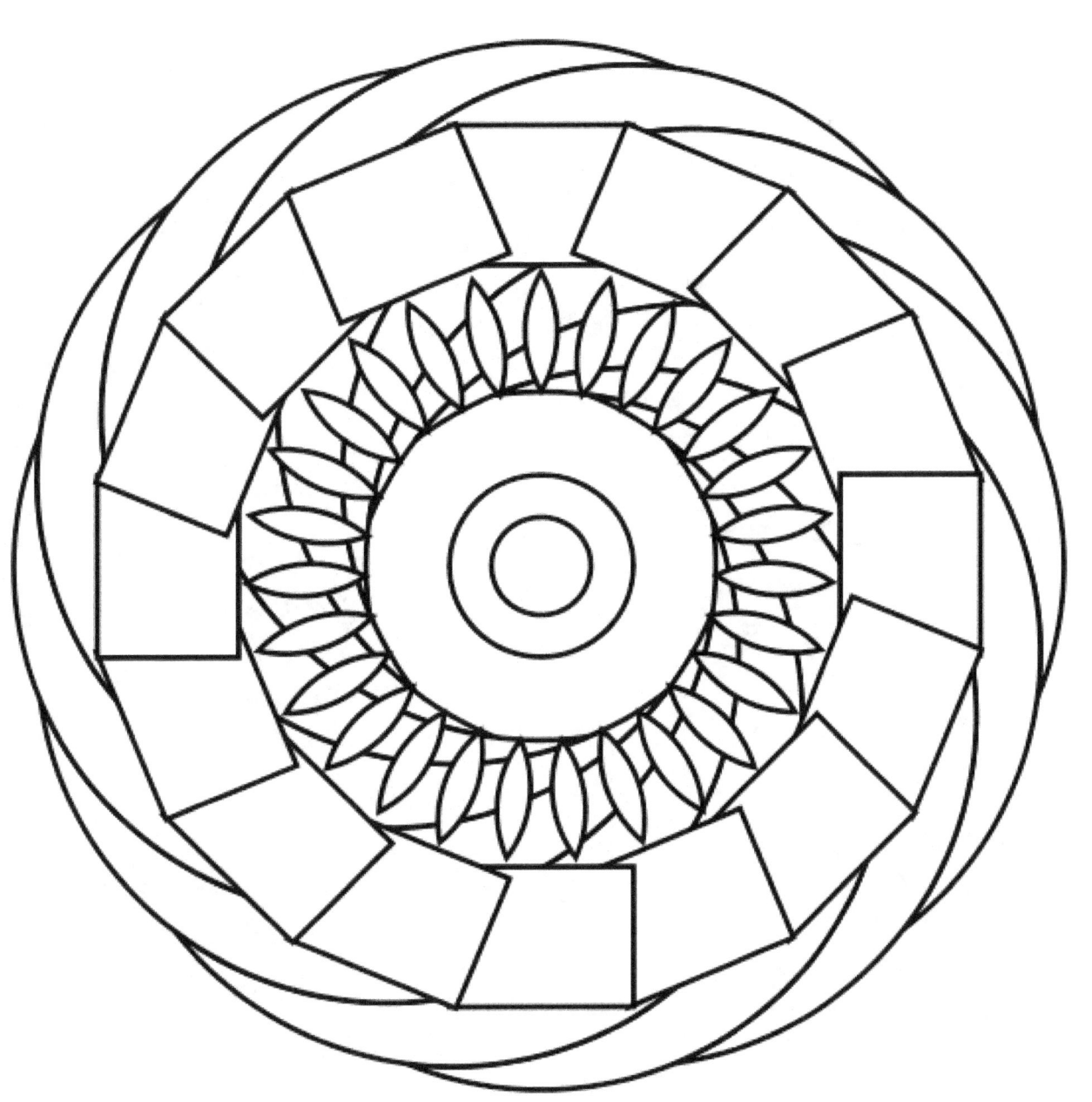

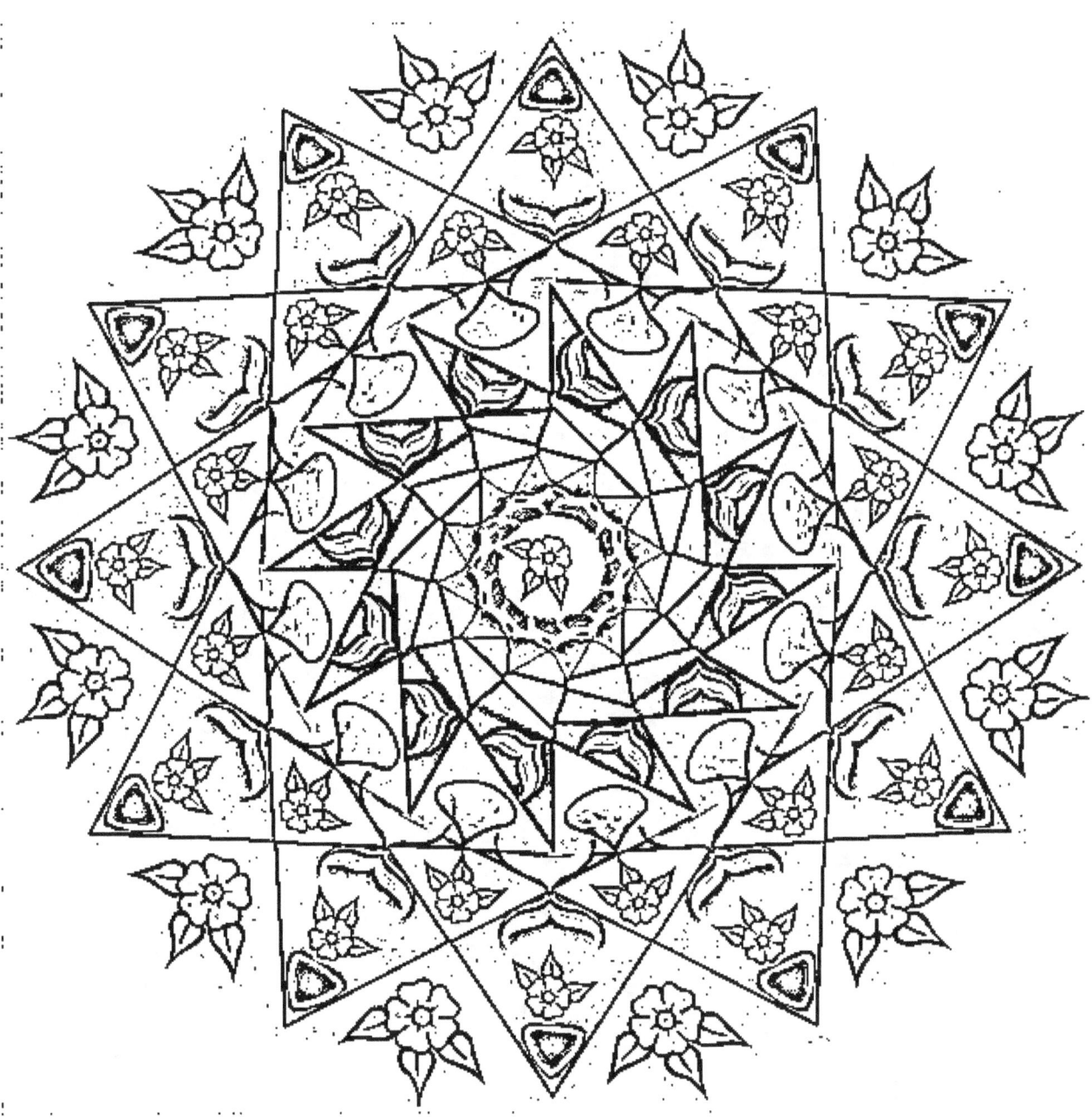

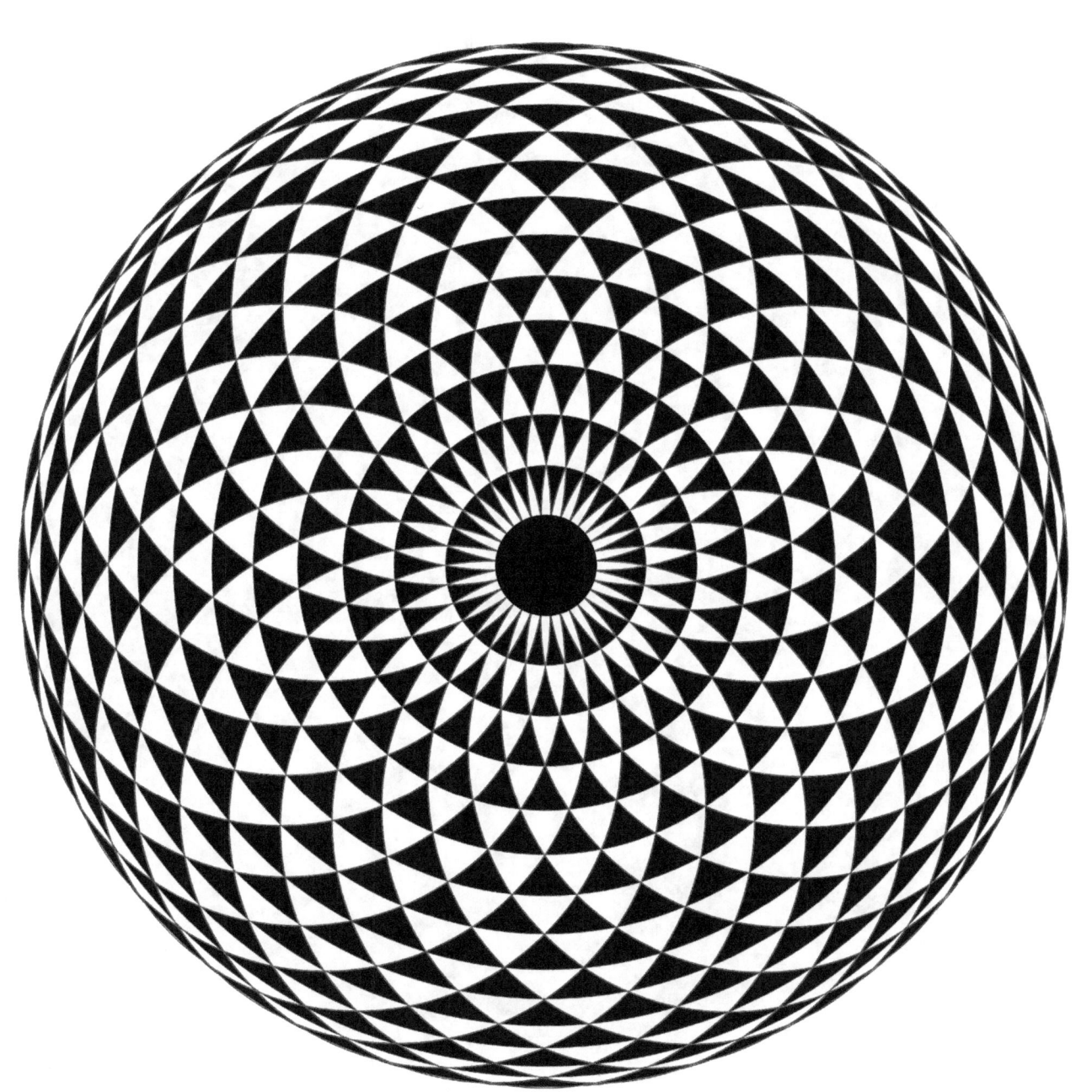

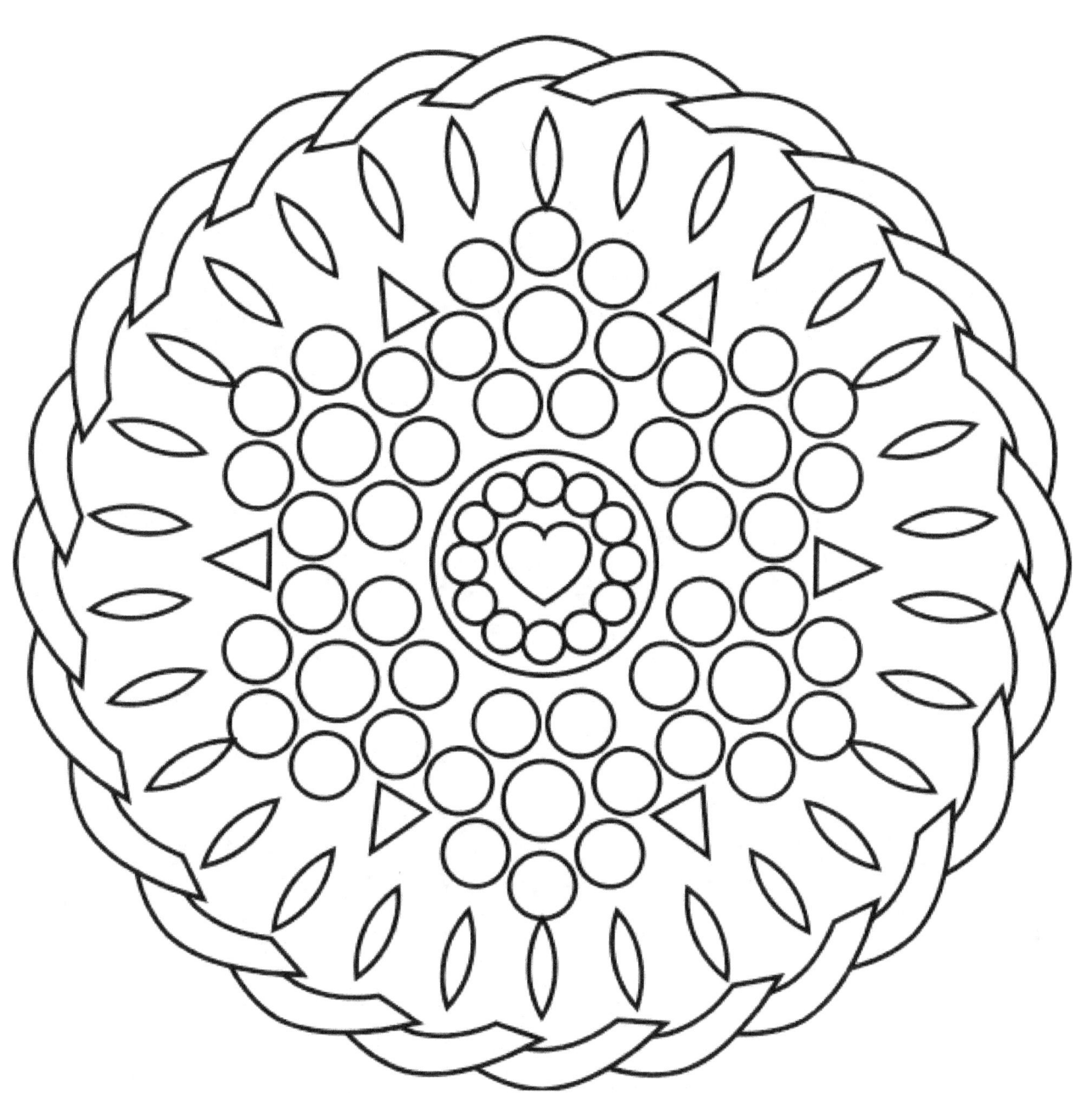

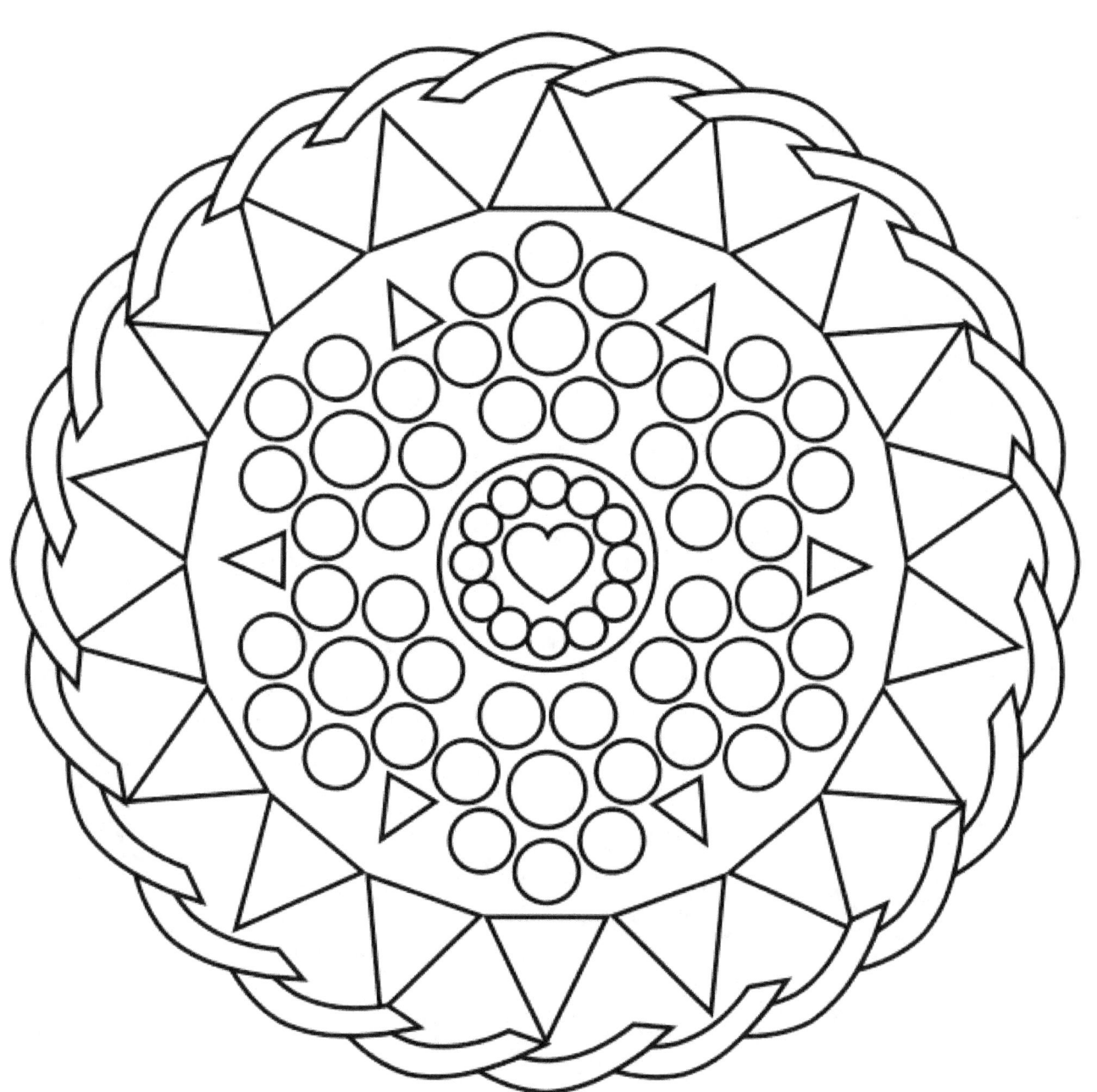

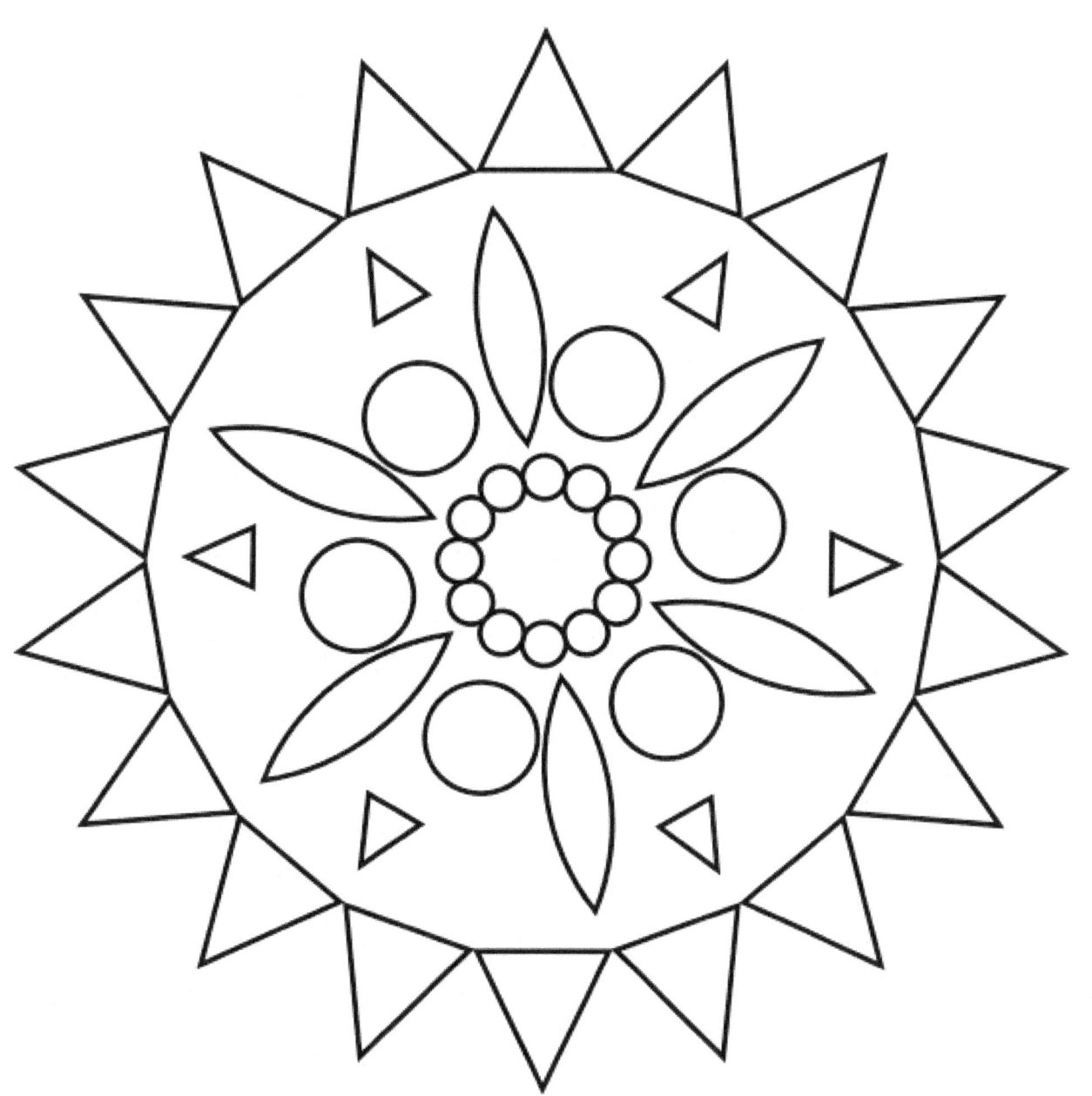

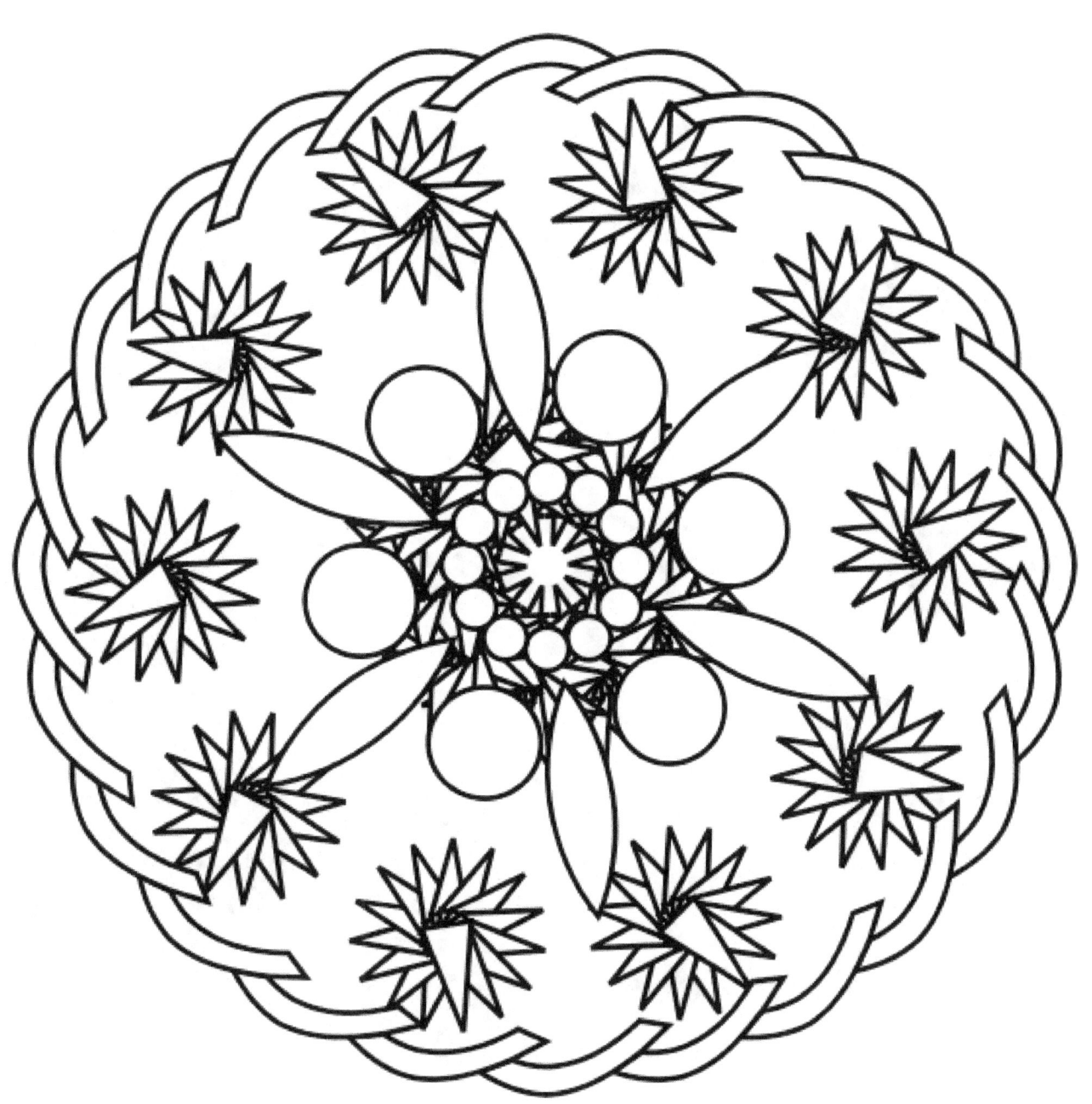

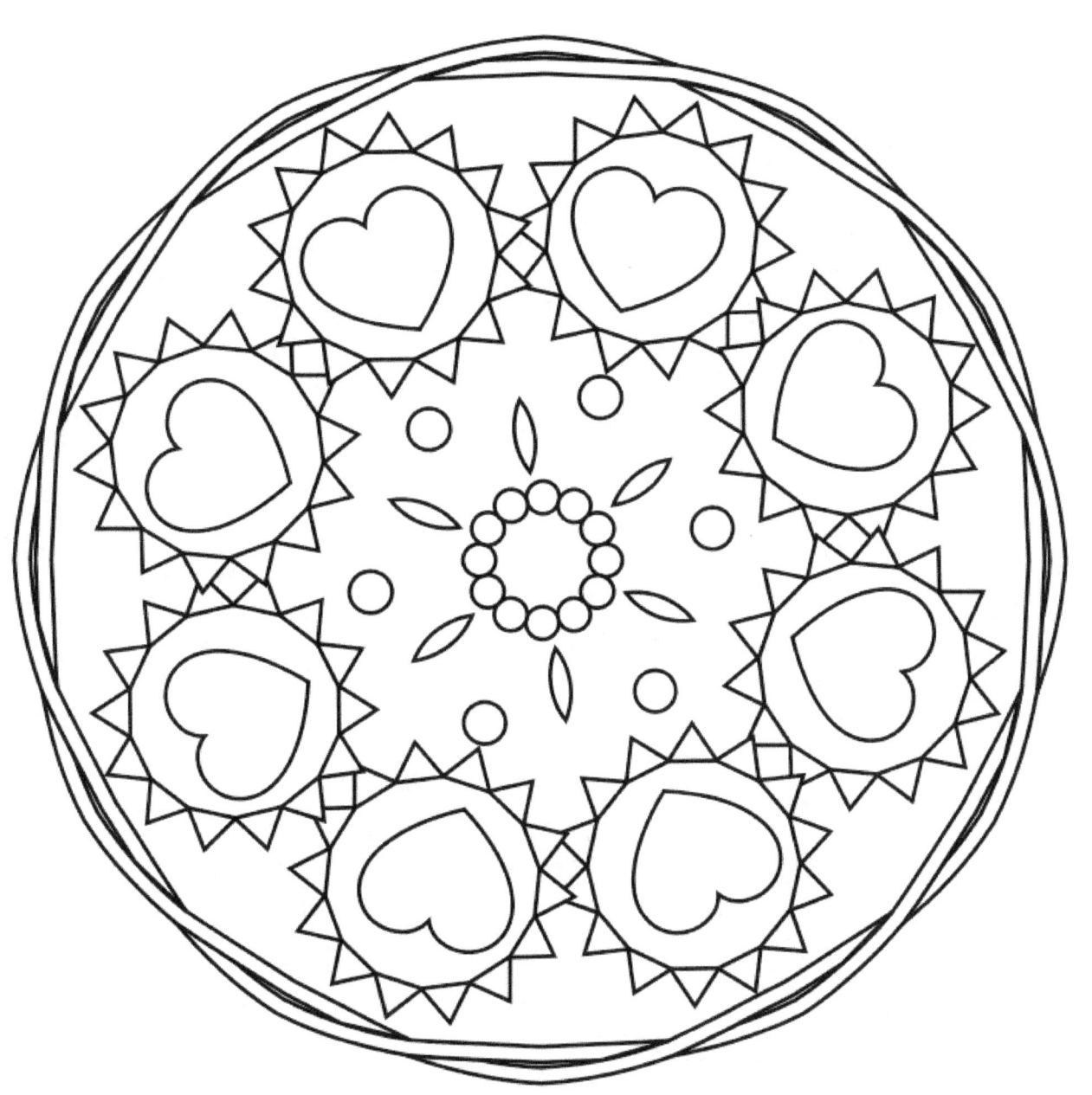

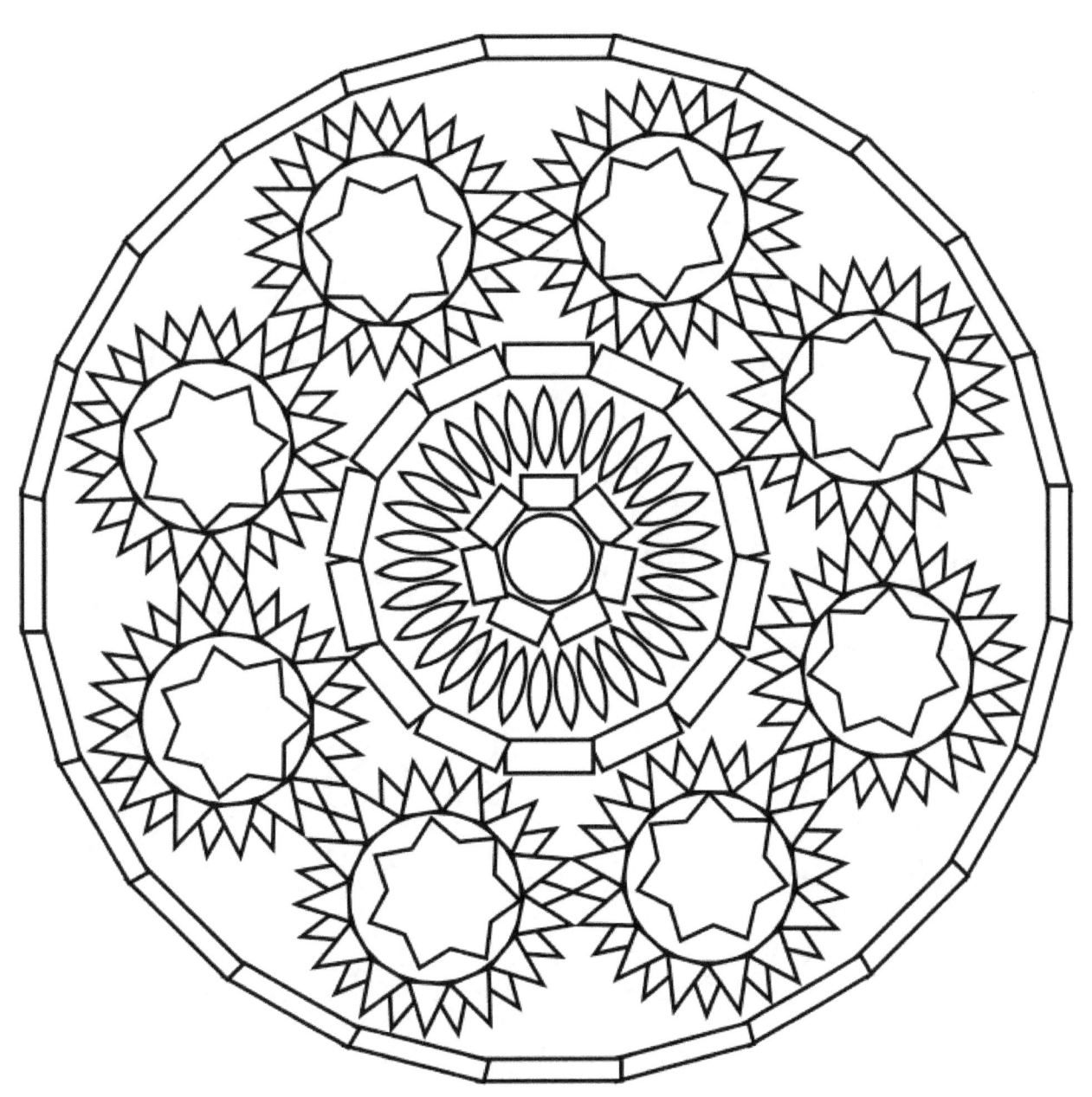

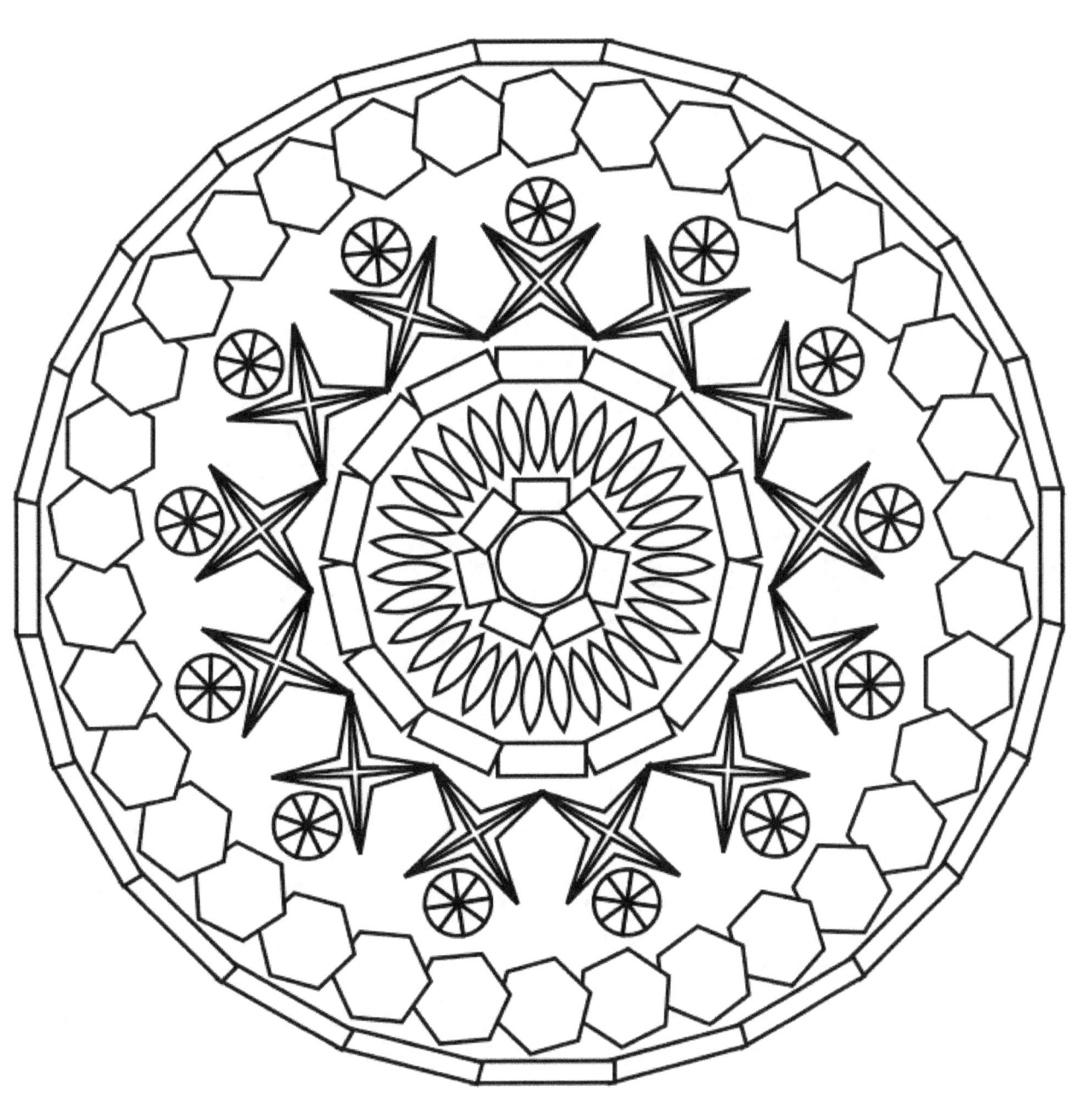

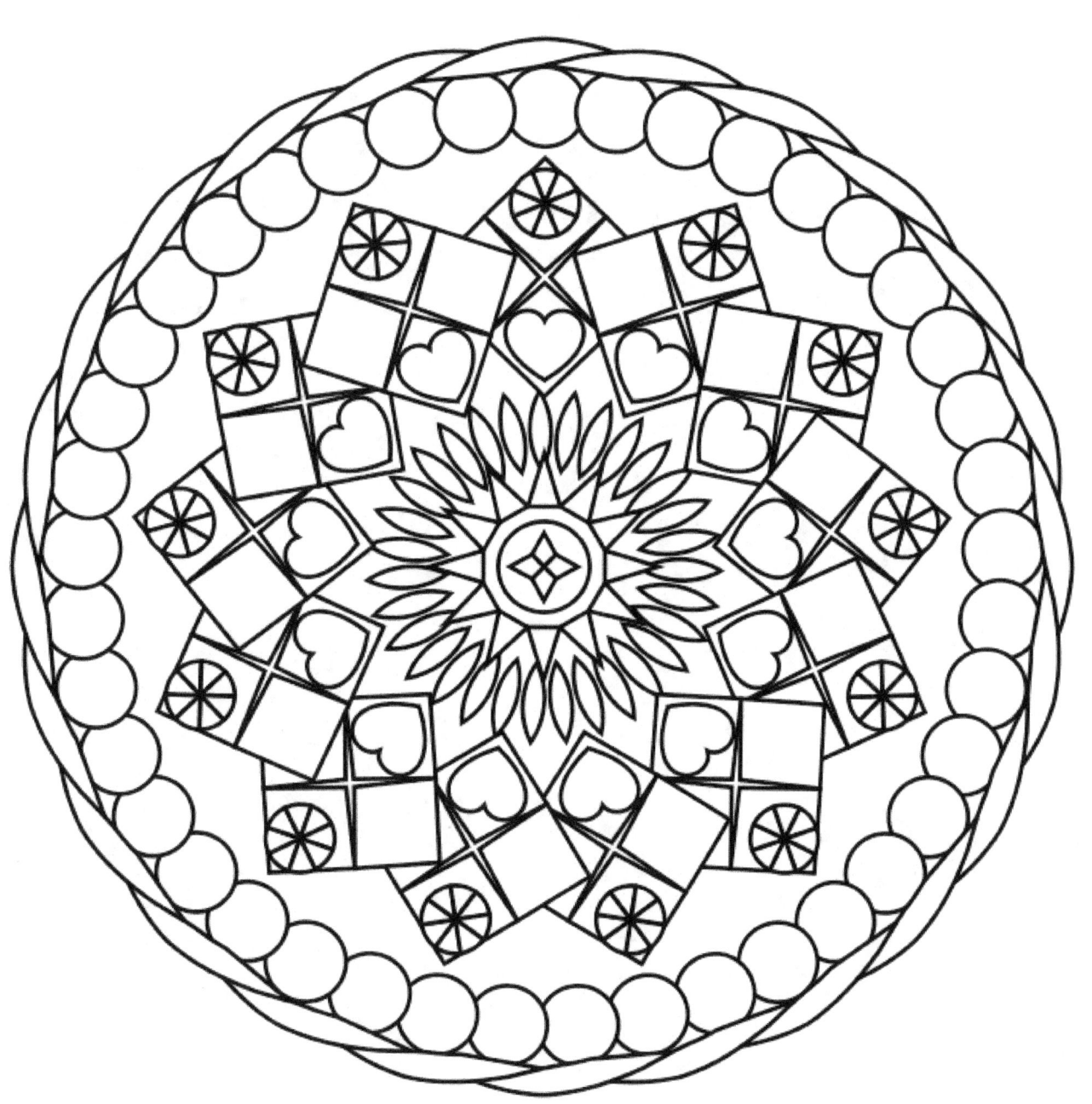

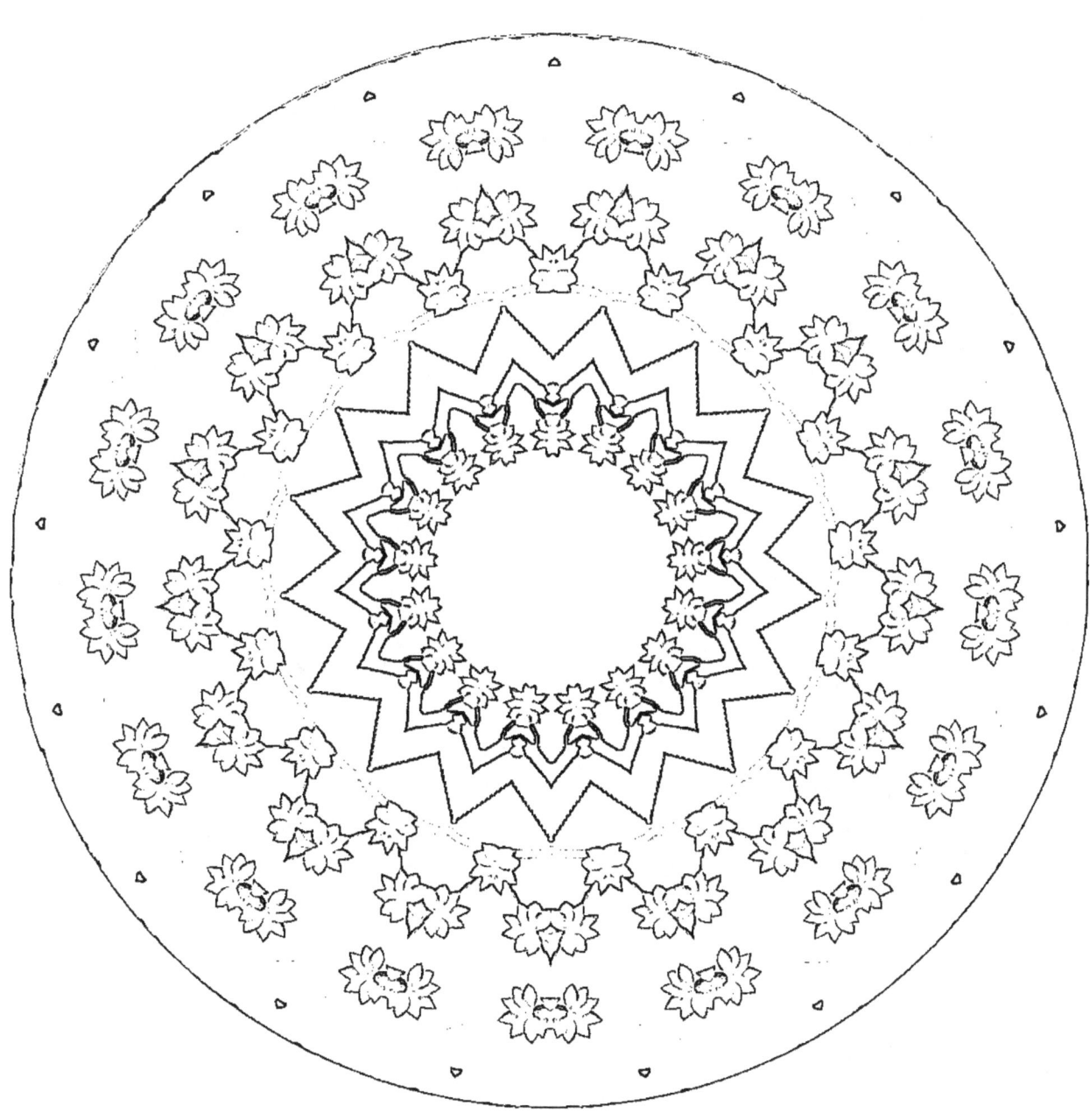

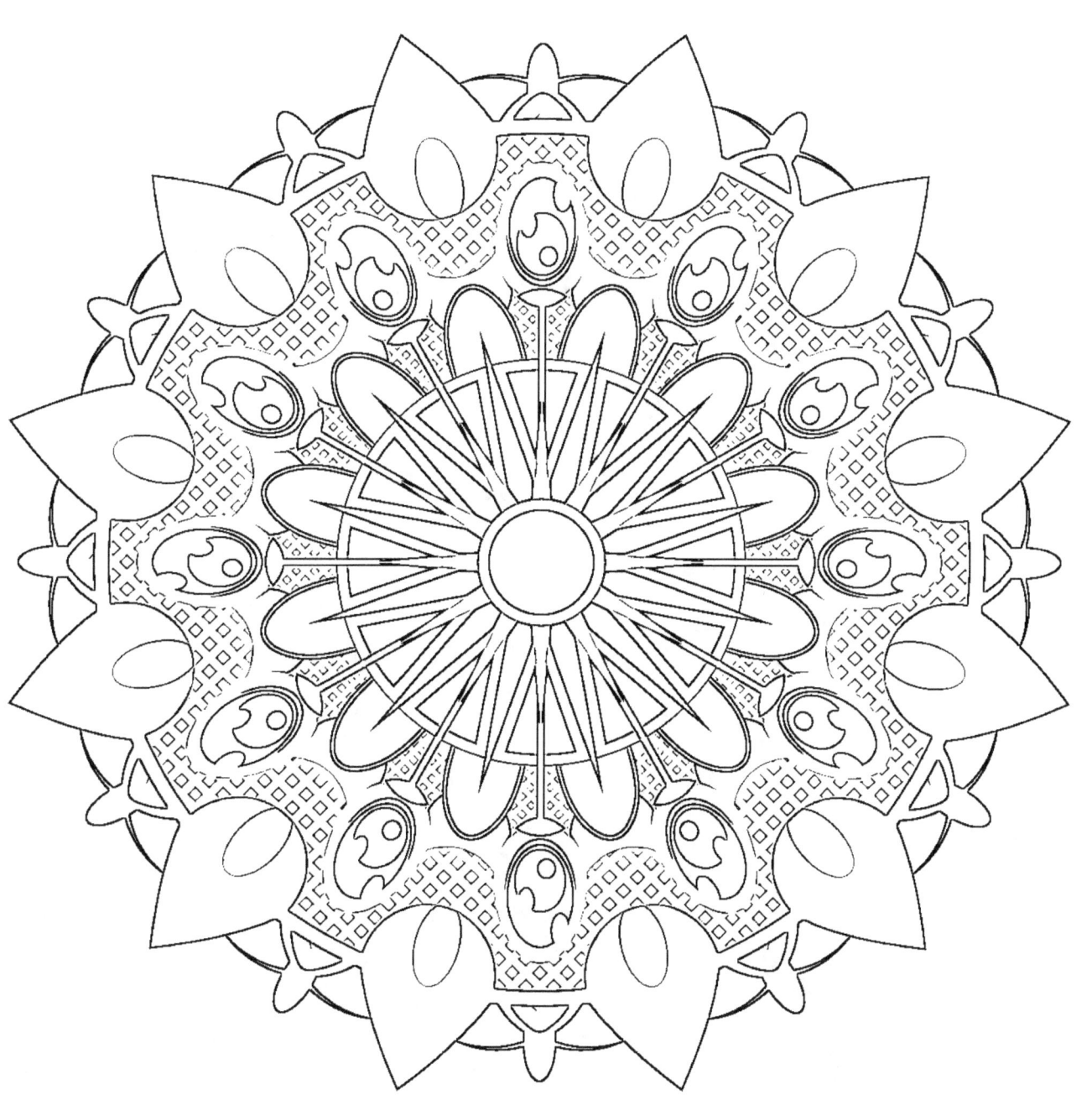

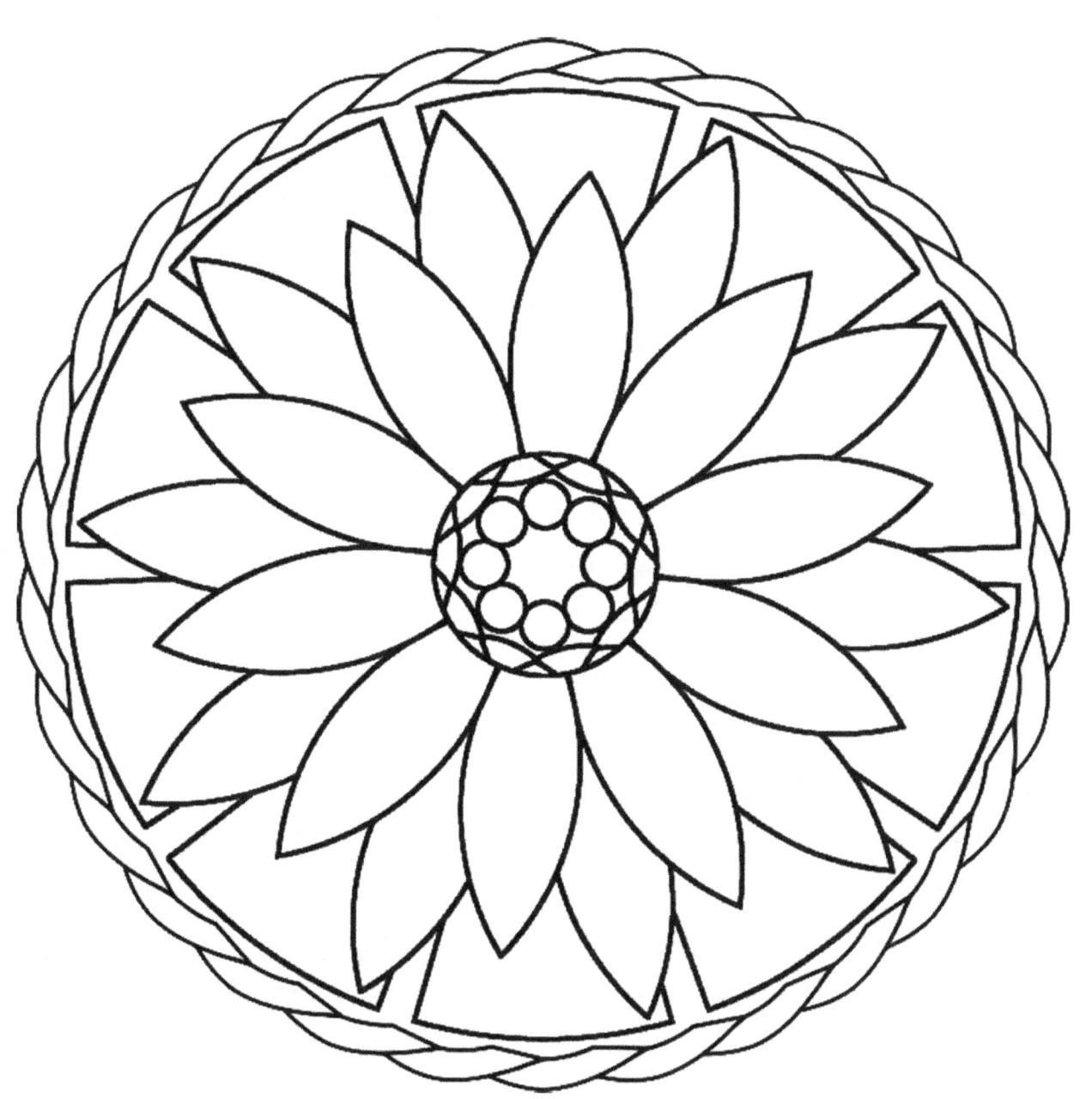

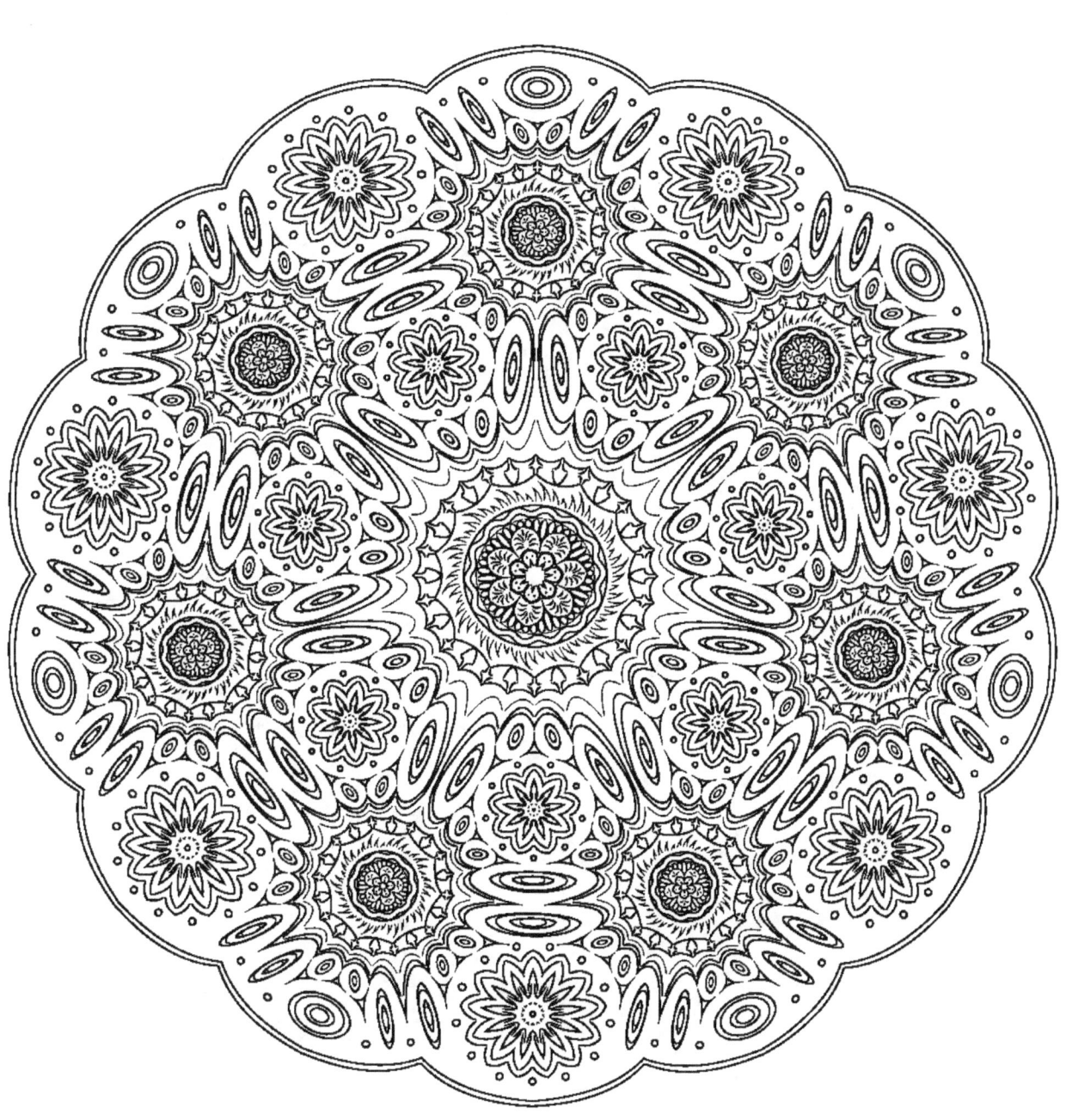

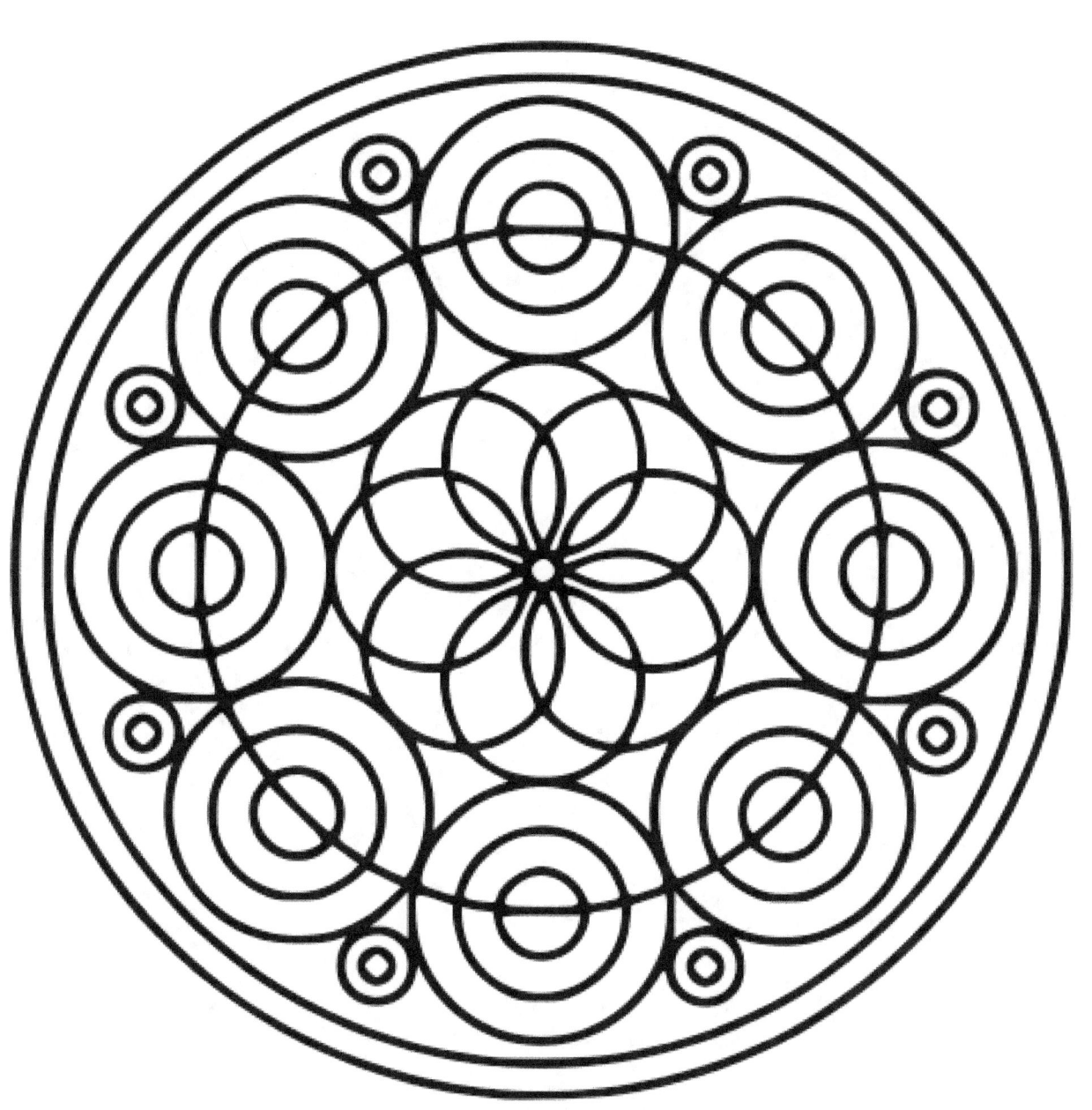

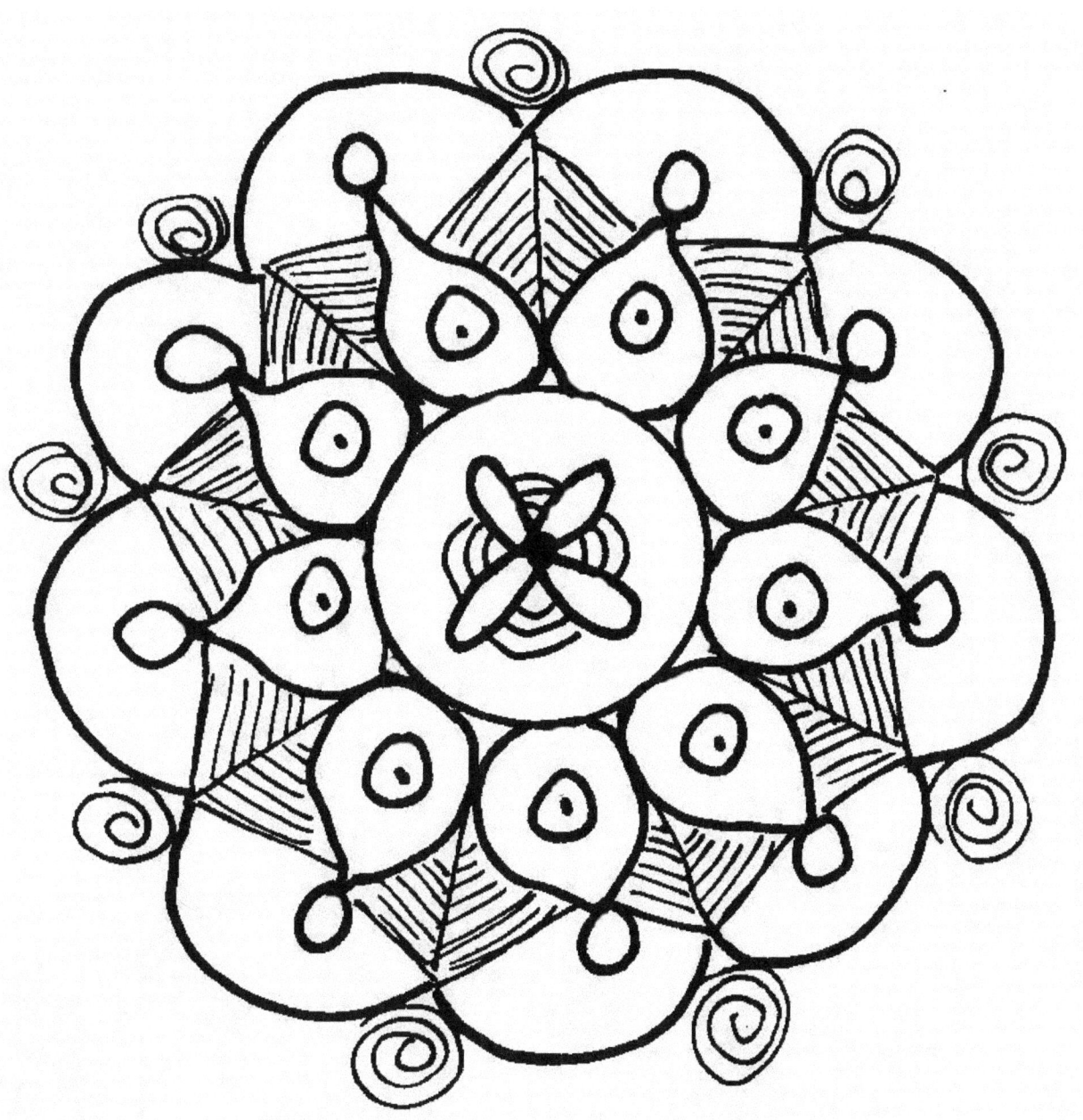

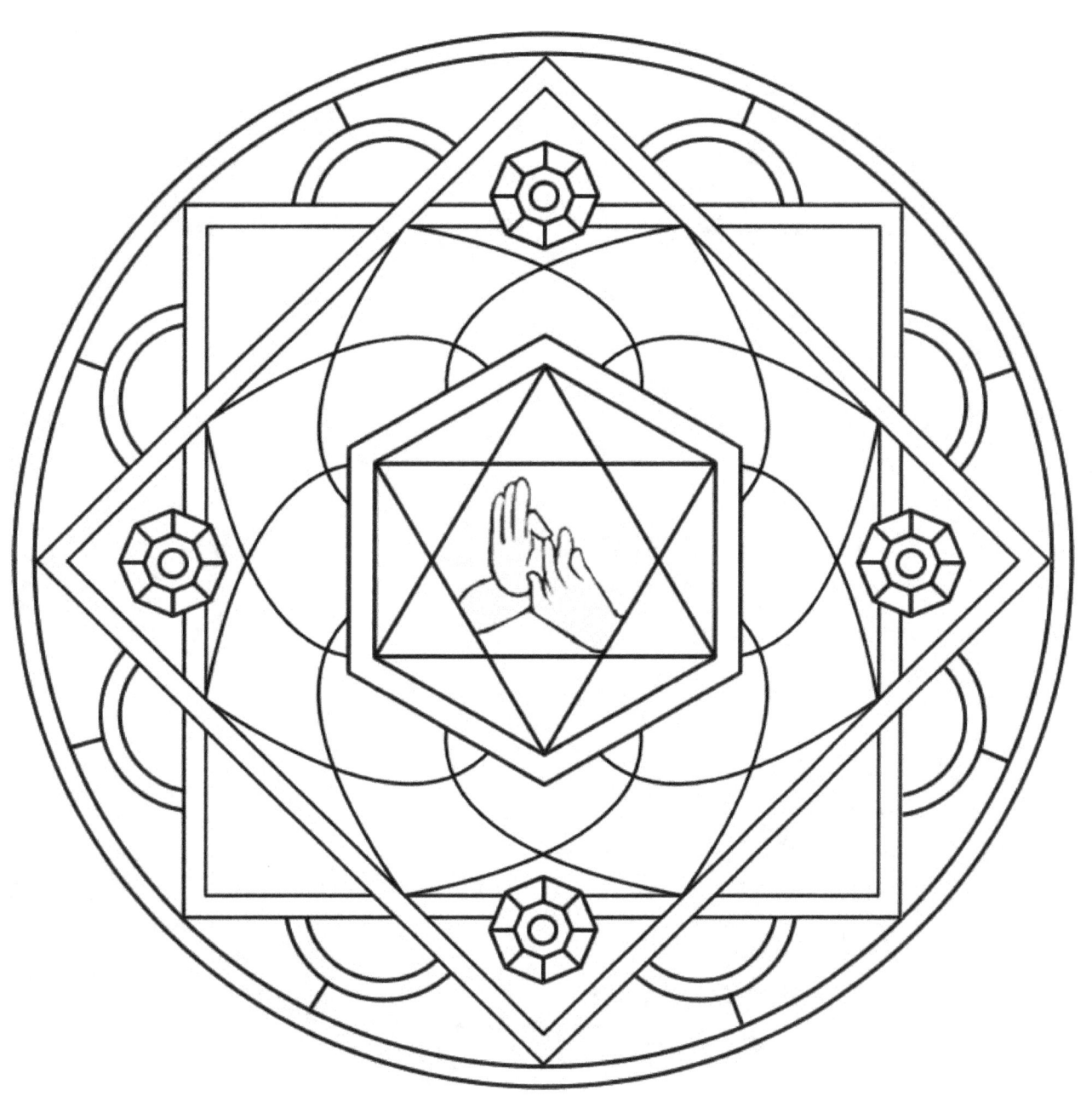

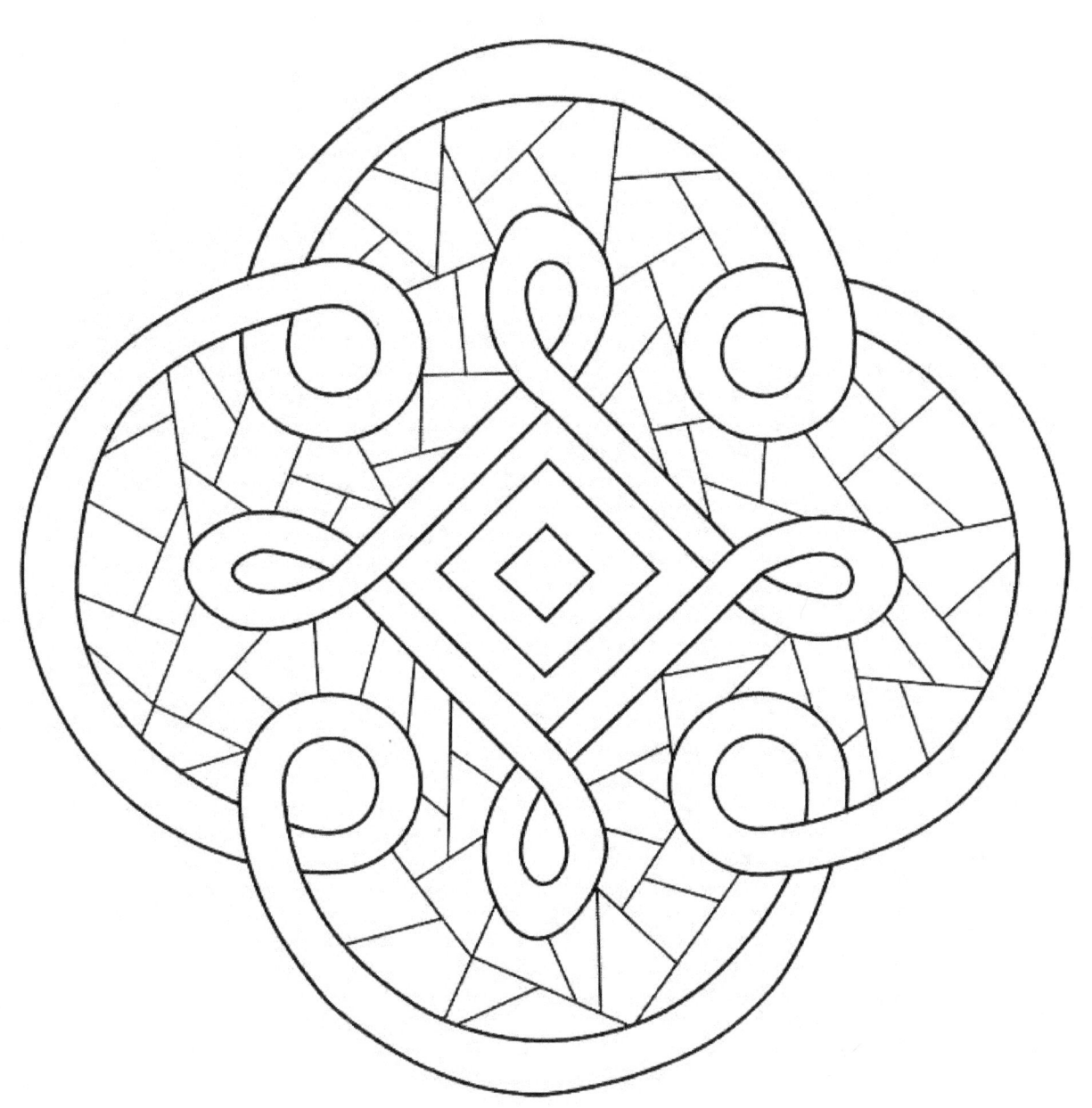

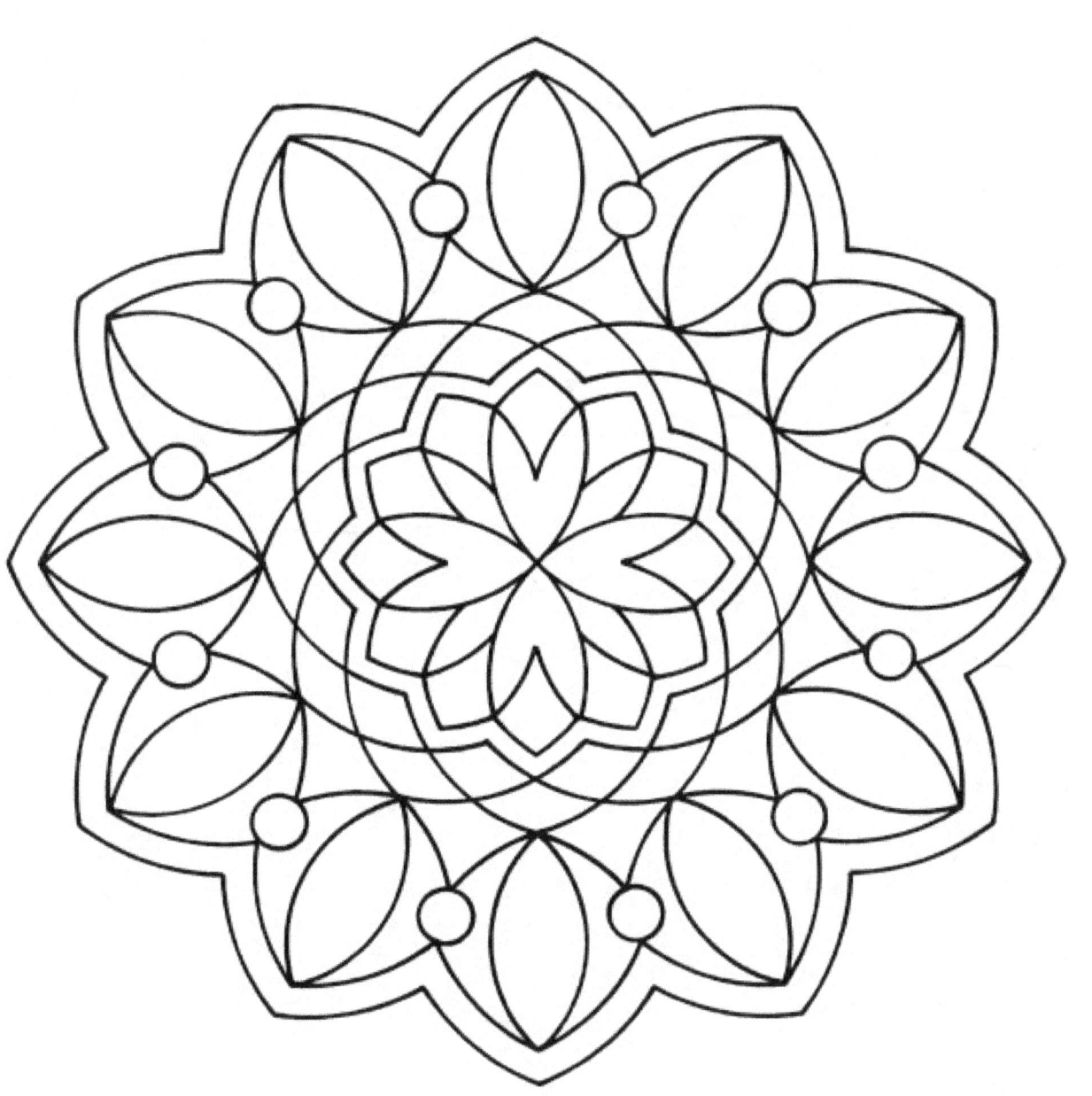

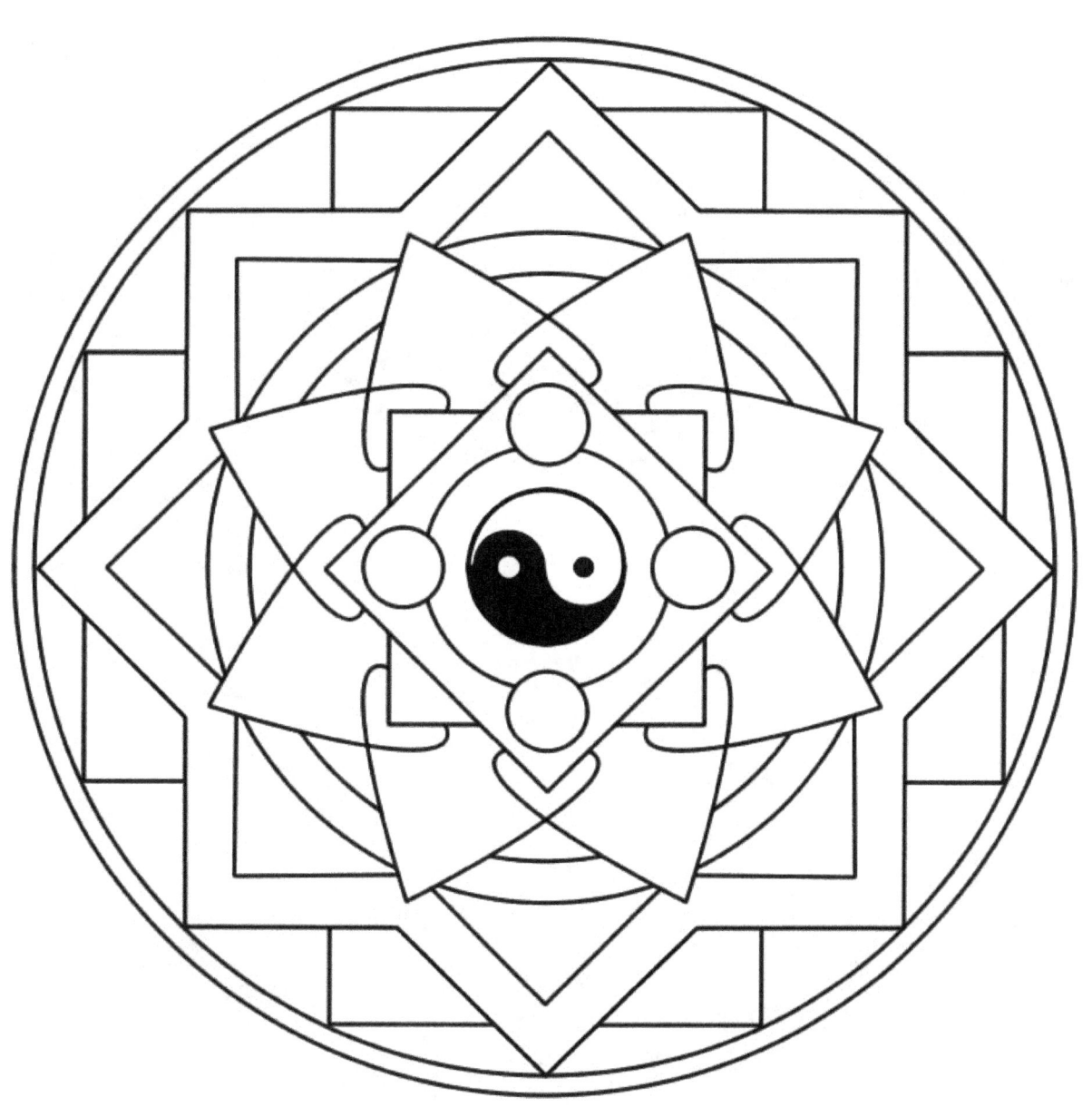

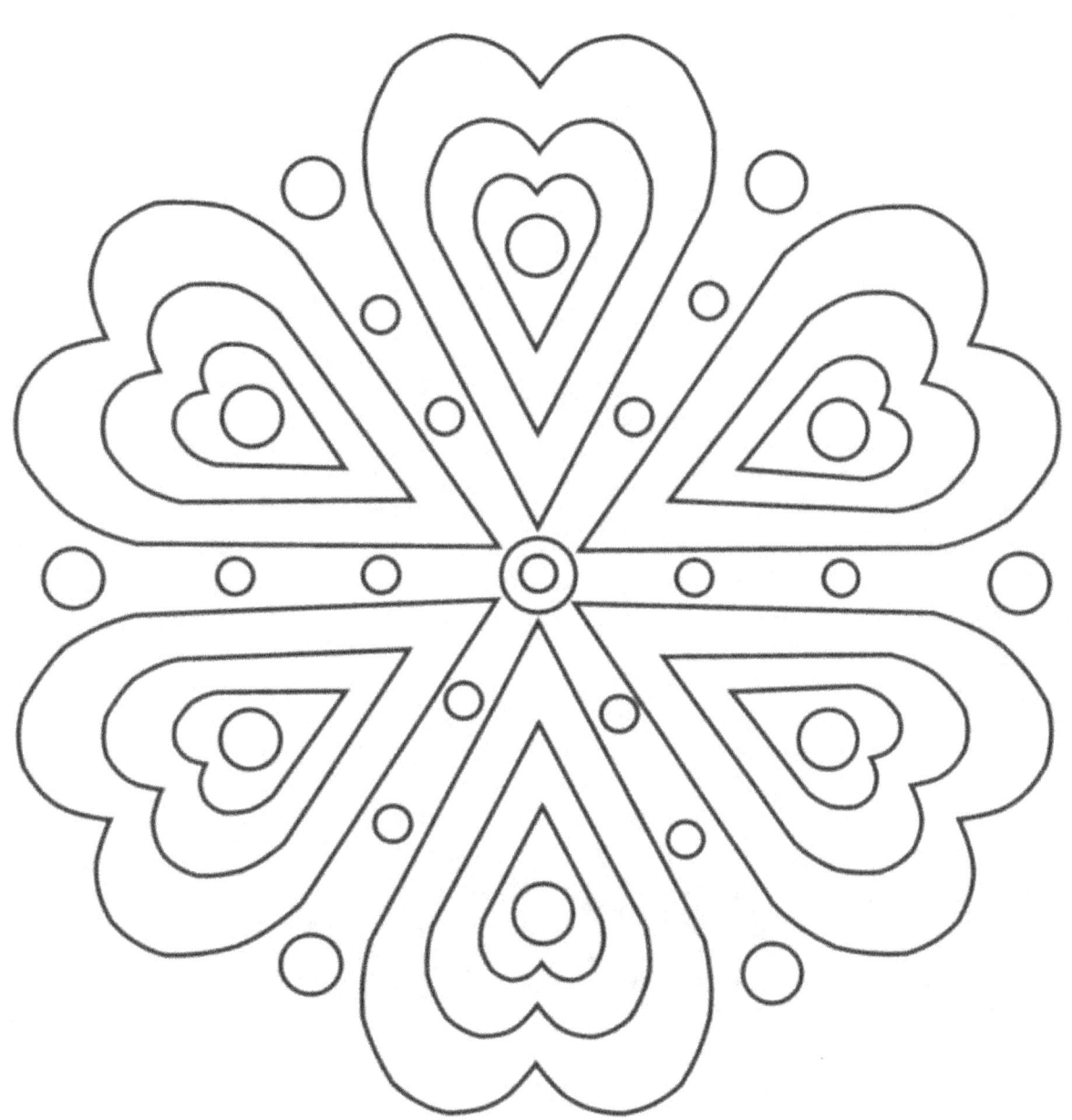

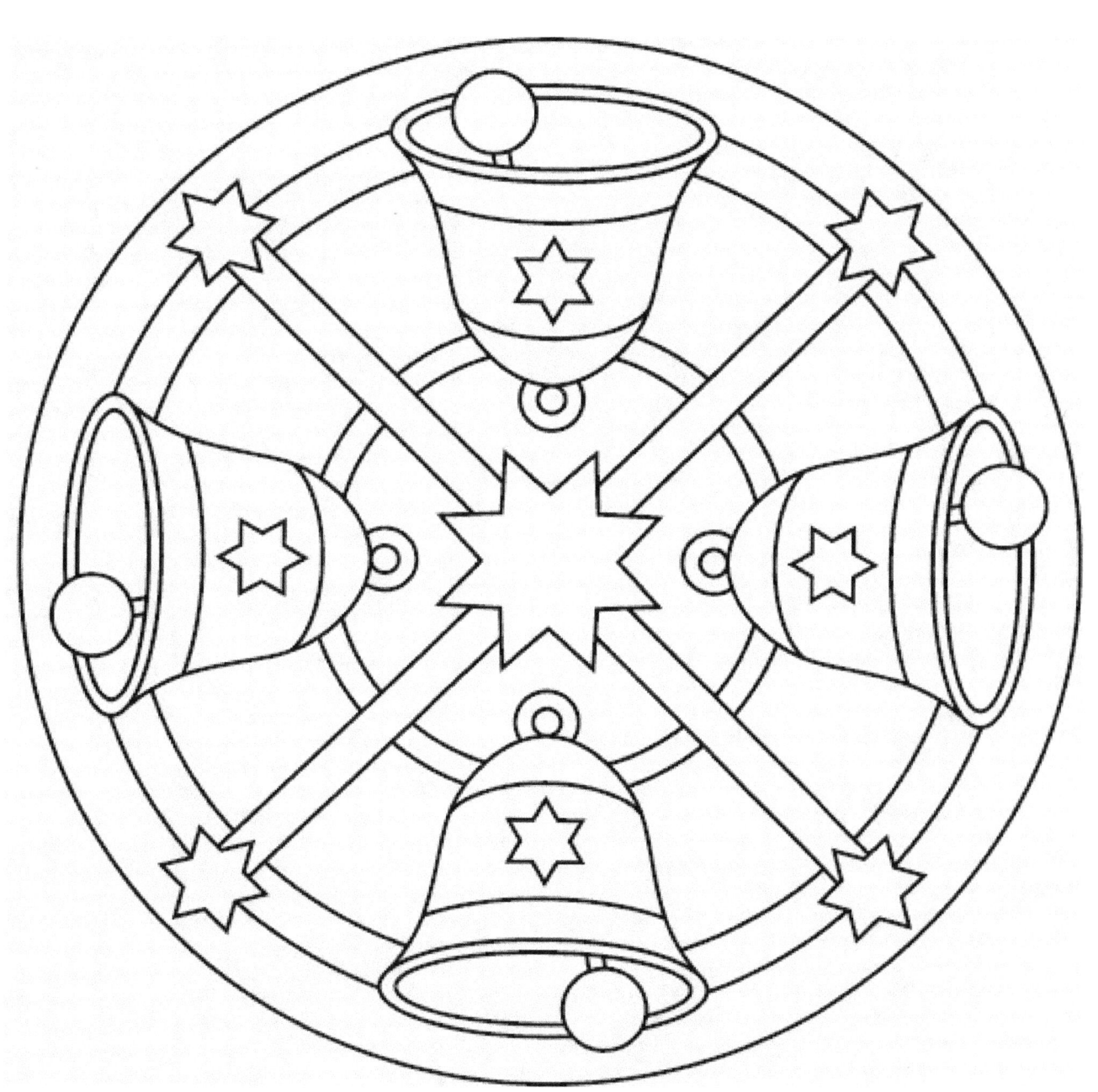

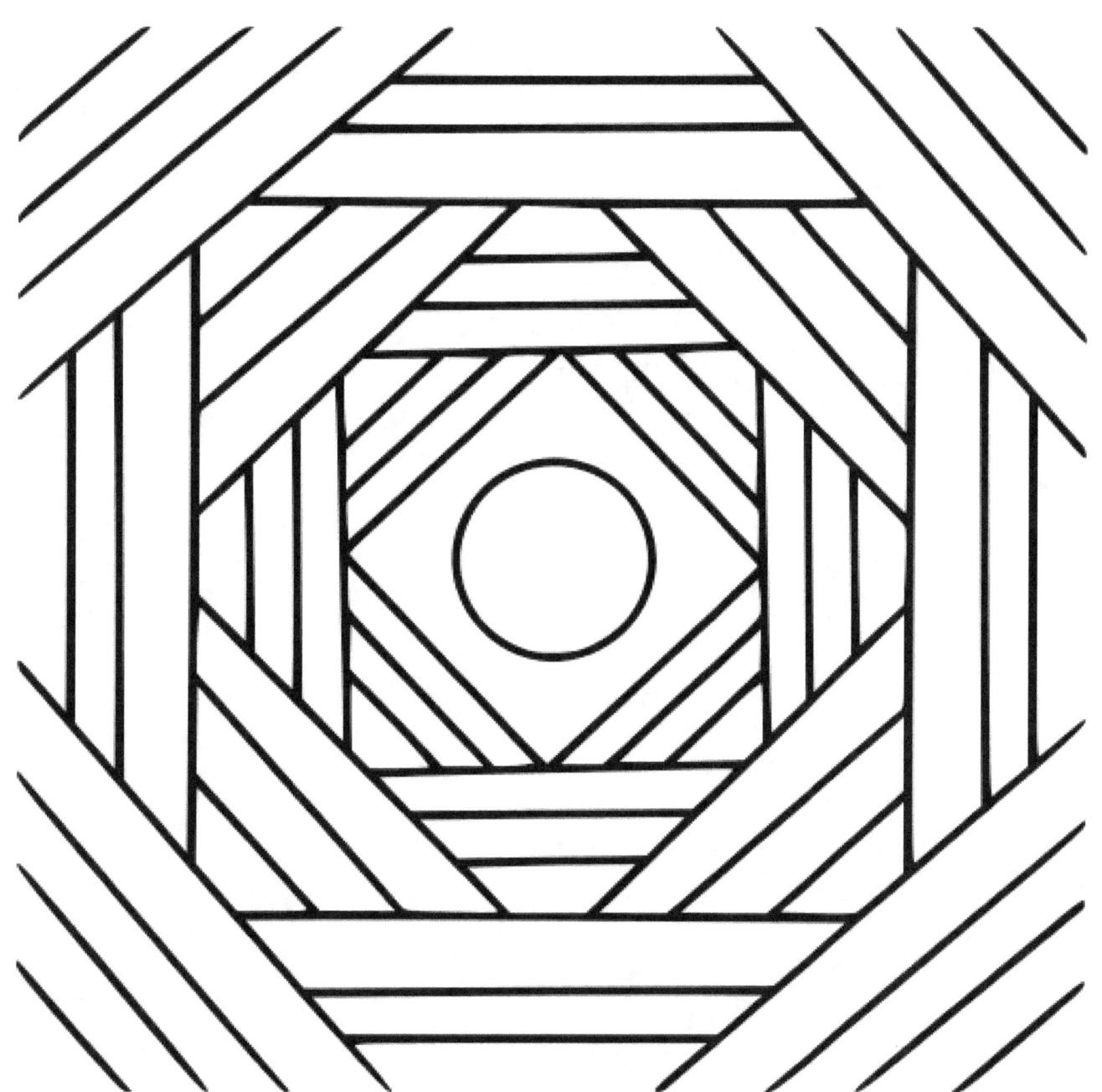

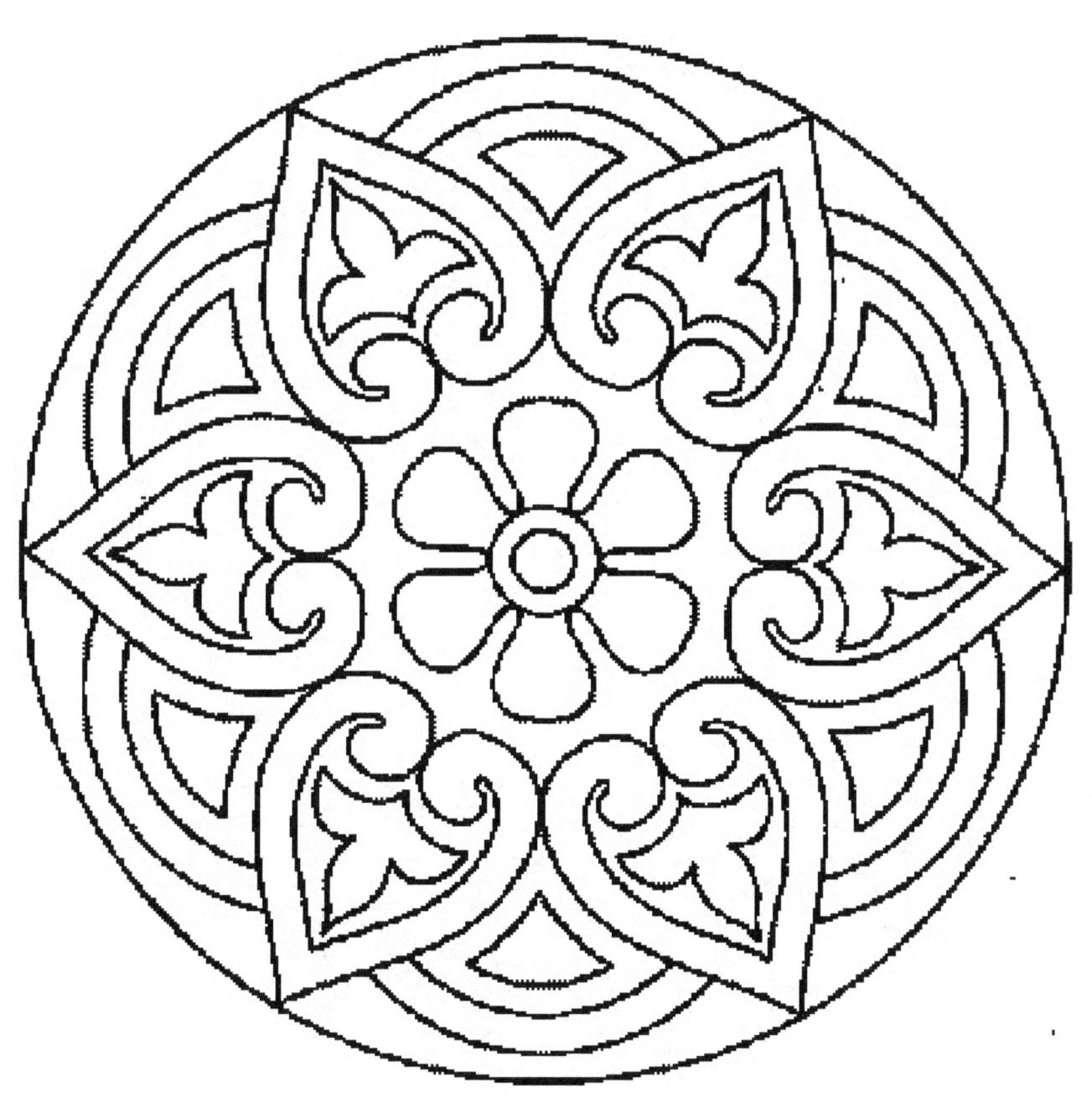

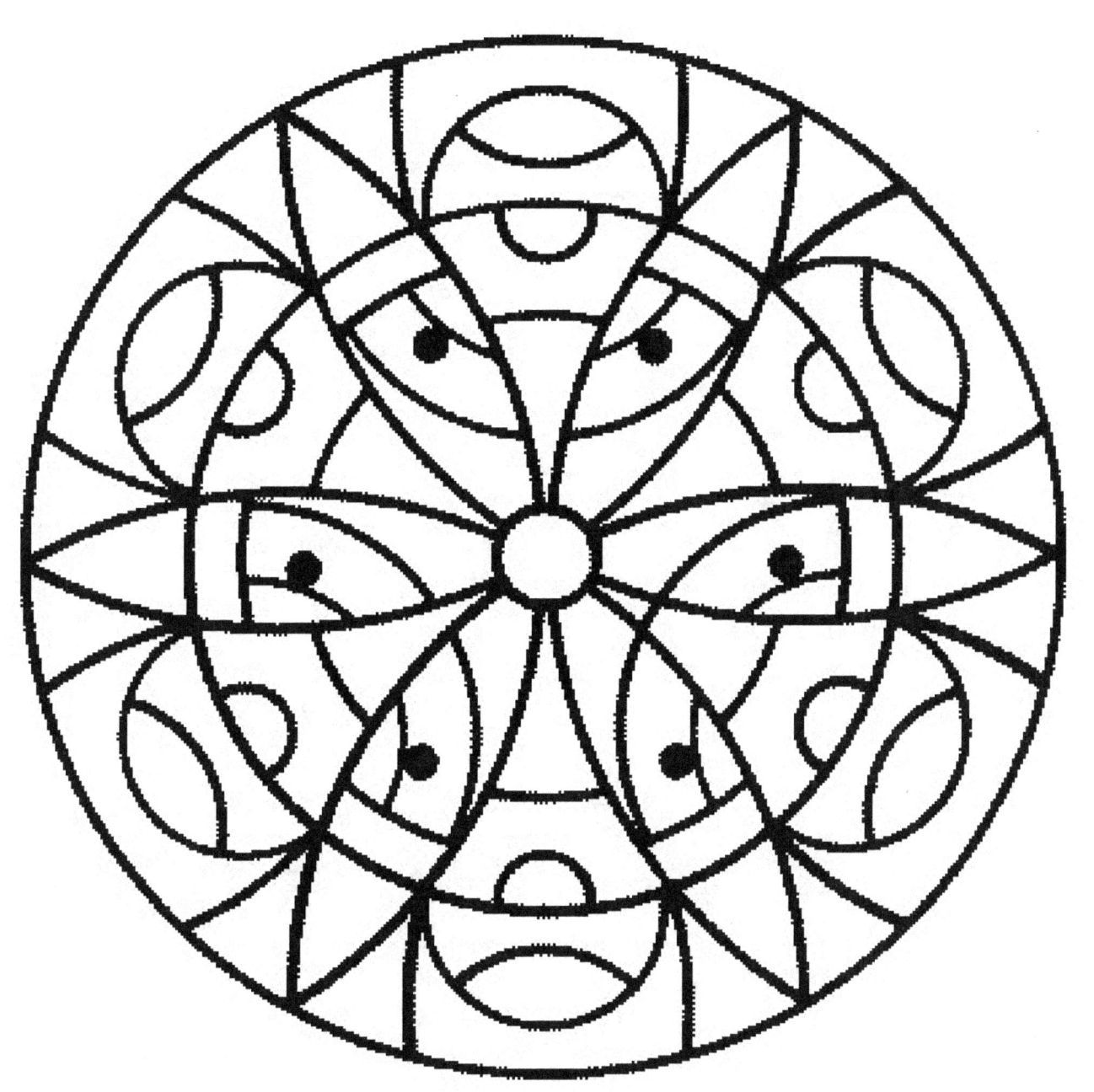

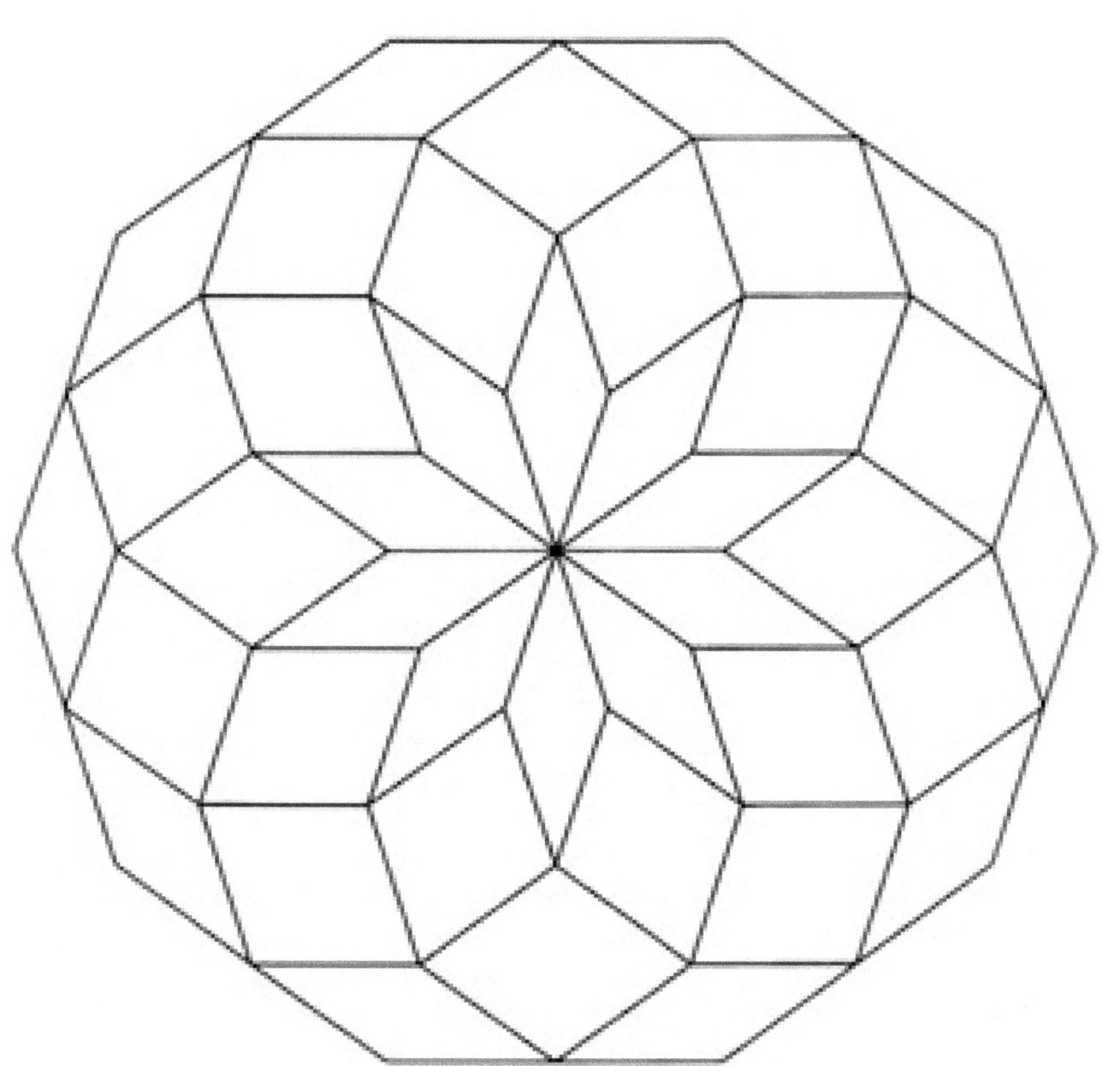